はしがき

歴史学を考える上での基本は事実である。事実とは、史（資）料に基づかなければいけない。歴史学とは、空想ではなく、事実から出発し、それに基づいて評価することが大事である。日本はどのような歩みを進めて来たのか、などという歴史観や価値観は、その上に構築されるべきものである。「人に褒められたからそれでよい」とか、「あの人が言っているのだから正しい」などといった他人任せの価値観ではなく、事実をしっかり見つめ、自分自身で判断し評価する。これが大事である。このことは、別に歴史学を学ぶ人だけではなく、すべての社会人にとっても重要な物の見方、考え方を養うことにつながるだろう。そう、歴史学は、事実に基づき評価する社会認識の学問なのである。それでは歴史を勉強するため、まず最初にどのようなことを念頭に置く必要があるのだろうか。以下、四点ほど簡単に述べておこう。

第一は、歴史の課題は事実とそれをどう評価するかということである。事実といってもタイムカプセルがあるわけではない。史料に基づいて復元する作業が必要である。歴史の分析は客観的であるべきといわれるが、果たしてそれは可能なのだろうか。同じ史料を利用しても評価は多様である。その意味では、歴史叙述はすべて主観的なものなのかもしれない。実は歴史の評価には絶対という解答はないのだ。そういうなか、一番大事なのは史料である。史料に基づき事実を確定し、論理を整合的に把握しているかがポイントとなる。

それでは、史料とは、一体どんなものを指すのだろうか？　歴史を研究する人の多くは、文書《もんじょ》（古文書《こもんじょ》）を利用する。自分の意思を伝えるときに、私たちはどのような方法をとるのだろうか。電話だろうか、電子メールだろうか、それとも手紙だろうか。現在の伝達行為は、さまざまだろうが、江戸時代は、ほとんどが文書を通じて伝達している。大事なことを取り決めても、口頭では、齟齬があるかもしれない。取決めは文書によって確認したのである。とりわけ江戸時代は、兵農分離制であったため、支配者である武士は城下町に居住し、農民は農村に住んでいた。さまざまな支配に関する伝達事項は文書を通じて行われていたのである。こうした史料は、公的な古文書だが、それ以外にも、日記や手紙などといった私文書も貴重な史料である。また、商人の家には大福帳が残されているように、それぞれの家に個性をもった文書が多く残されている。こういうことで、日本国内には、文書（古文書）が多く残されている。こうした史料を利用しながら、私たちは当時のことを復元する。これが歴史学の第一歩である。また、史料というのは、文書だけではない。建造物（文化財）、言い伝え（昔話）、ほかに景観なども資料になる。もちろん、史料というのはすべて真実を語っているとは限らない。むしろ、都合のよいことしか書かない方が多いだろう。事実を復元するためには、それぞれにおいて、史料批判が必要なのである。

第二は、当然のことに聞こえるだろうが、過去があって現在があり、未来があるということである。もちろん、歴史学は過去に眼を向けた学問であるが、歴史学は、因果関係を明らかにすることも大事である。誰にでも過去はある。私たちには必ず過去の積み重ねがあって、現在があるのだ。歴史は、こうした視点で、事件や出来事などについて「どのようなことであるのか」という点を明らかにするだけでなく、「何が原因なのか」ということを分析し、さらに「その結果どのようになったのか」「それはどういう意味があるのか」

という点を分析評価することが大事である。

第三は、歴史学が明らかにするのは人間の営みであるということである。ブラジルの原生林に住む野生動物の営みの歴史を明らかにしても、歴史学にとっては意味がない。あくまでも人間の営みを明らかにすることが大事である。ただ、人間の営みというのがくせ者で、その対象はさまざまである。実際に行動するのは人間としての個人であり、その意味で、一人ひとりの個性が重要なのである。ただ、こうした個人を明らかにする視点は、戦前のように模範的な人を顕彰するのではなく、あくまでも、個性を生かした個人に置く必要があるだろう。もちろん、人間は一人だけでは生活困難である。私たちはさまざまな集団に属さなければならない。それは、企業、サークル、家庭や民族など多様である。さらに、人間の集団のなかで、一定の関係の輪郭をもって現れる社会が構成される。このように、個人、集団、社会の諸関係やあり方を展望することも大事である。

最後に、偶然と必然の関係について述べておこう。歴史を扱うと、「もしこうしていたら」であるとか「誰々が生きていたら」というような意見を耳にすることがある。しかし現実には、そんなことは存在しない。事実は事実として重く受け止める必要があるだろう。よって、その意味では、すべては必然であり偶然なのである。同様に、それが一見特殊なことであったとしても、実は当時の社会通念のなかでなされる一般的なことであるともいえるのだ。その意味で、何を素材にして解明するかは自由であり、すべての素材に無限の可能性があるといってよいだろう。もちろん、当時の人々にとっても意外なことは多いのだが……。

本書について紹介しよう。

第一部では、「トピックで見る江戸時代」と題し、近世後期から明治期にかけたトピックを六点取り上げた。

一つだけは明治時代のトピックであるが、江戸時代後期から関係する問題ということでお許し願いたい。いずれも、中学校や高校の教科書に取り上げられている内容ではない。「竹島渡海一件」や「江戸打ちこわし」の事例は、詳しい年表を参照すれば出てくるが、一般に具体的に知られているとは言えない話である。ただそういうトピックであったとしても、当時の時代像を示したものなのである。かかる視点から、本書では六つのトピックを取り上げ、紹介するとともに、単に事件を紹介したわけではないという意味＝同事例を通じて何を言いたいのか、さらには、学界で議論されるとすれば、どのような点が注目されるのだろうか、という点についても簡単に述べてある。ちょっと違った面白さを感じてほしい。もちろん、他にも取り上げるべき視点はあるだろうが、一つの視角として提示した。本文の繰り返しの部分もあるが、それは強調したものとして受け止めてほしい。

第二部は「古文書で見る江戸時代」と題し、古文書を通じた史料の理解を叙述した。これらの出典は、第七講を除き、すべてＮＨＫ学園の『古文書通信』に叙述したものである。親しみを持たせる意味で、「です、ます調」で書かせていただいた。塩と砂糖に関する叙述が多いが、それは私の専門と関係しており、お許しいただきたい。

「歴史は過去の事実を明らかにするだけ」と思う人が多いだろう。もちろん、それはそれでよいだろう。ただ、それを通じて何を学ぶのか、どんなことが議論されているのか、こうした点についても関心をもっていただければと思う。なお、史料も掲載してあるが、最初当惑するのであれば、読まずに内容だけを読んでいただいても構わない。まずは、理解していただくことが大事である。

ただ、歴史の基本は史料にあるということ、実際の史料から歴史の事象を評価していることを忘れないでほしい。そして皆さんが普段から史（資）料を通じて（根拠を探った上で）判断するようになれば、私にとって望外の喜びである。

平成十八年四月

落合　功

目次

入門 事例で見る江戸時代

第一部　トピックで見る江戸時代

第一章　三行半の思いのなかに

突然であるが、まず最初に、次の史料を読んでみることにしよう。

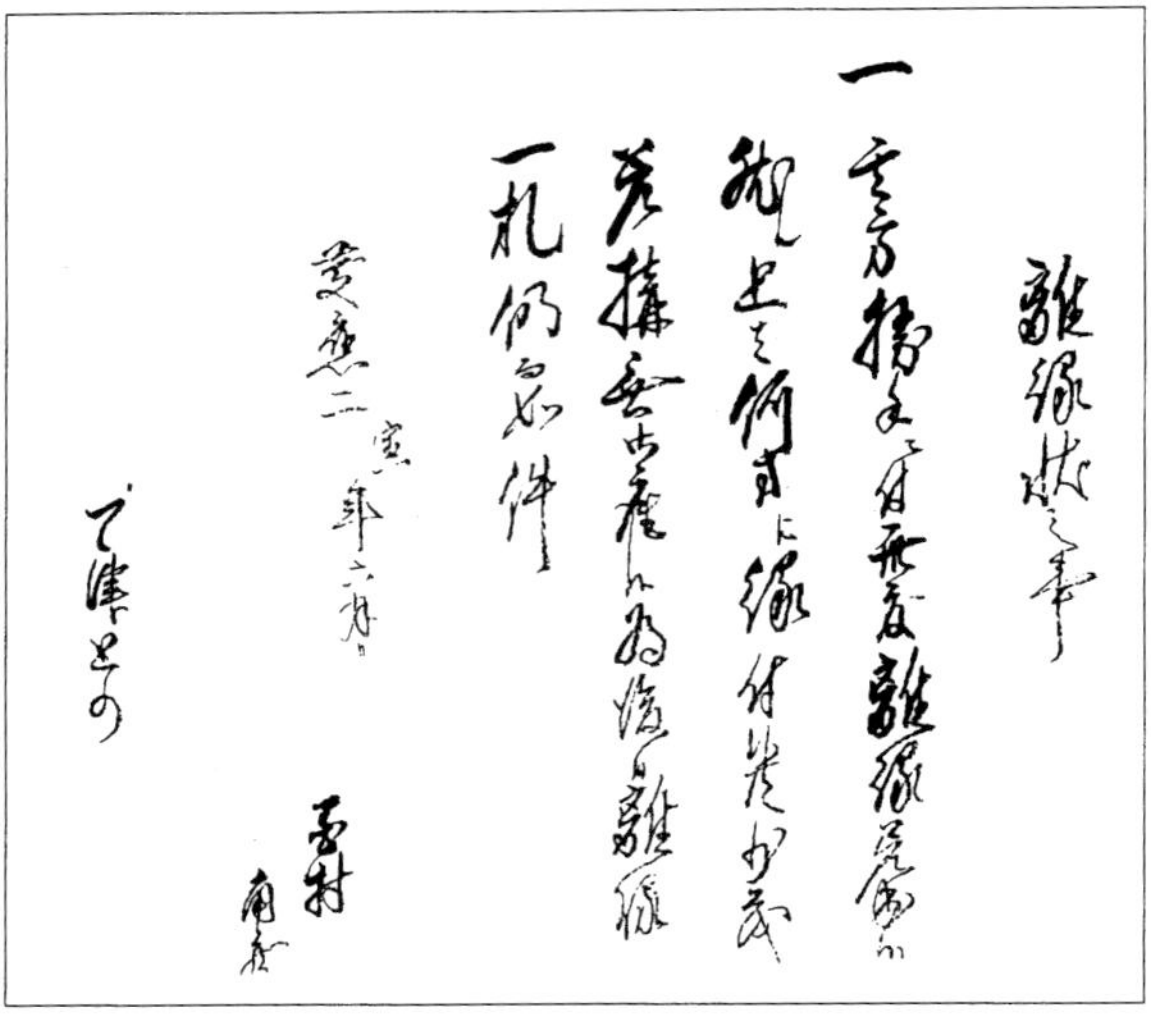

初めての人は面食らってしまうであろう。何がなんだかわからないかもしれない。これは、古文書《こもんじょ》というものである。古文書であると知ったからといって、読めるわけではない。それでは、一番最後の部分を読んでみよう。一番最後は「て津との」と書かれている。「てつ」という人に対して書かれたものであることがわかる。仮名文字であるし、女性であることがわかる。これからは、てつと呼ぶことにしよう。

下の部分を見てみることにしよう。「百村《もむら》」の「角蔵」と記載されている。百村は、現在の稲城市に位置した、一三〇石程度の小さな村である。その上に年代が、「慶応二寅年六月日」と記載されている。

慶応二年（一八六六）といえば、もはや幕末である。泰平とはとても言いがたい、時代のうねりのなかで人々が右往左往している時期である。実際、慶応二年六月といえば、第二次長州戦争が始まる時期に当たる。江戸では食糧蜂起（打ちこわし）が起きている。この様子は、第五章を参照していただきたい。慶応四年（一八六八）の九月が、明治元年である。わずか二年程度で明治維新が到来する。そんな時期に、百村の角蔵は、てつに対して何を書いたのであろうか。「一《ひとつ》」と記載されているところからが本文である。本文は三行半で書かれている。これこそ「三くだり半」といわれる離縁状である。表題を読んでみよう。確かに「離縁状之事」と記載されている。それでは、史料をまとめて読んでみることにしよう。

　　離縁状之事
一其方勝手ニ付、此度離縁差出候
然ル上者何方江縁付候共、少茂
差構無御座候、為後日離縁
一札仍而如件

慶応二寅年六月日　　　　百村　角蔵

て津との

角蔵からてつに宛てた離縁状について、史料を解釈してみよう。

ひとつ、其方（てつ）勝手であるということで、離縁状を差し出した。
これによって、あなたはどこへ縁付きしようとも、
少しも構わない。後日のため、離縁状
の一札を差し上げた。

たった三行半で離縁状は完成する。しかも離縁状は男性から女性に対してしか提出することは認められていなかった。これこそが男性の優位を示すものという意見がある。三行半でないものもあるが、これが普通の離縁状の形態である。たったこれだけで、離縁が成立するとは切ないようだが、江戸時代、現実はこんなものだったのだろう。角蔵は、三くだり半を突きつけたという感じである。てつは、一体何か悪いことをしたのであろうか？　角蔵は、てつのことが嫌いになってしまったのであろうか？　思いは巡る。

もう一つ、史料を読んでみよう。

入置申為取替せ一札之事

我等娘てつ義貴殿妻ニ差遣置候処不熟ニ付、今般てつ義鎌倉松ケ岡御所江駈入離縁御寺法相願由ヲ以双方御呼出しニ相成厚御利解被仰聞奉恐入候、然処扱人立入示談及掛合候処、昨丑九月中出産仕候小児壱人世話可致筈、当寅ノ六月より来ル卯年八月迄拾五ケ月之間慥ニ世話仕、尤養育為手当壱月ニ金弐分つつ受取可申対談仕、且預り急煩又者如何様儀出来仕候共、右小児ニ付聊迷惑相掛申間敷筈、依之為後日

為取替申対談一札依而如件

慶応二寅年六月

平尾村　藤右衛門

百村　角蔵殿

親類　兼吉殿

同史料を参照してみよう。同じ六月でも、先の三くだり半が書かれる以前に作成されたものと思われる。宛先の角蔵とは、先ほどの三くだり半の差出人に当たる角蔵のことである。親類である兼吉とともに受取人になっている。差出の藤右衛門は、本文の冒頭部分を参照すると、「我等娘てつ義」と記載されていることから、てつの親であることがわかるであろう。一体何が書かれてあるのか？　本文の最初から三行目の途中までを読んでみることにしよう。

私たちの娘てつについて、貴殿（角蔵）の妻に差し遣わしたのですが、うまくいかず、このたび、てつは、鎌倉松ケ岡御所へ入ることとなり、離縁の寺法を願うことになりました。このため、両者を呼び出し、その結果、厚く理解（離縁について納得したということ）していただき、恐れ入ります。

最初の、三くだり半の印象とは雲行きが少し違うようである。角蔵とてつの夫婦の間はうまくいかず、てつは鎌倉松ケ岡御所へ駈け込んだというのである。鎌倉松ケ岡御所とは、駈込寺として有名な東慶寺のことである。東慶寺は、尼寺であり、男性は、この寺の中に入ることはできない。この寺に入り、三年間尼として奉公すると、離縁が成立するという。すなわち、てつは、この駈込寺である鎌倉の東慶寺に、離縁を訴えたのである。別れたいのは角蔵ではなく、てつだったのである。てつは、離縁するために三年間尼として奉公し、離婚を主張する方法もあったであろうが、離縁したいというてつの意思を知らされ、角蔵もそれに同意したということであろう。離縁の理由は、角蔵が不倫でもしたのだろうか？　それとも暴力でもふるったのだろうか？　逆に、てつが、角蔵の何かに不満があったのだろうか？　理由は謎である。世の中、すべてを知ることはできないし、知らなくても構わない。続けて読み進めてみよう。

> そういう（角蔵も離縁することに納得したという）ことなので、仲介人が立ち入り示談を行いました。そのさい、昨年九月に出産した子供一人を世話しなければならず、離縁が成立するであろう六月から、翌年八月までの一五か月間、世話します。その養育費を月に金二分ずつ受け取ることとします。なお、世話する一五か月の間、子供に関して、急病など、何か特別な費用がかかろうとも、一切迷惑をかけません。
> 後日のために一札を取り交わします。以上

驚くことに、二人の間には、一年前に子供が生まれていた。そして、その養育費を角蔵は、てつに対して毎月金二分ずつ一五か月間支払い続けることになったのである。金一両は四分《よんぶ》と同額である。二分とあるので、その半額である。幕末なので、物価が高騰している時期であるが、金二分といえば大金である。三か月分ぐらいの米を買うことができるだろう。

逃げ出したのはてつの方である。しかも、生まれて一年も経たない子供を置いたままで……。これが、同史料を初めて読んだときの最初の感想である。ただ、てつが逃げ出すのにも深いわけがあるかもしれない。それを知らずして、てつを責めるわけにはいかない。

先ほど指摘したように、この事件があった慶応二年六月は、同じ多摩郡において一〇万人以上が蜂起した武州騒動をはじめ全国各地で多くの打ちこわしが行われた。つい前の月にも江戸市中で激しい打ちこわしが行われている。国内の至るところで、打ちこわしが見られており、不穏な様相を呈していた。世間では、世

直しが叫ばれていた。さらに、幕府も第二次長州戦争をまさに開始せんとしていたときでもあった。米が不足し、物価が高騰した時期なのである。

そんななか、角蔵とてつにとっての一大事は、まさにこの離縁だったのである。そして、冒頭に提示した三くだり半は、角蔵の積極的な意思で作成したのではなく、むしろ、てつが東慶寺に入ったことで、不本意ながら角蔵は筆をとり離縁状を作成したというのが、正しい理解だといえるだろう。「三くだり半を突きつけた」なんていう調子のよいものではなかったのである。

●この事例のポイント●

三つの点からポイントを指摘しておこう。

一つは、年号を覚えたりすることだけが歴史の勉強ではないということである。もちろん年号を覚えることは、決して無意味なこととはいえない。一般的な常識として知っておくべきことである。ただ発想を転換させてほしい。あらゆる歴史の出来事というのは、史料に基づいて年号や事件の内容を確定していくものなのである。教科書に書いてあること、歴史についての叙述は、すべて、史料を根拠としたものである。史料に記載されていないものを書くとなれば、それは物語や小説になってしまう。たとえば、「角蔵とてつは何で離縁したのだろうか?」ということについて、自分自身で空想をめぐらすのは自由である。ただ、それを叙述するわけにはいかない。それをやってしまったら物語になってしまう。叙述するのであれば、根拠がなくとも、少なくても「そういう状況が考えられる」という内容を示しておく必要があるだろう。ある程度、読み手に判断の材料を提示しておくのである。「史料で記載されていることをしっかりと読み込む」、これが大事な作業となるわけである。

これは歴史の勉強だけのことではない。日常的なことであっても同様なことがいえるのである。新聞を読んでみよう。新聞の言っていることが正確であるとすぐに判断してはいけない。その根拠は何か? 探っていく必要があるだろう。人の判断や評価に頼らない、「自分の眼で確認し、判断すること」「物の見方を養うこと」、これは、歴史を学ぶだけでなく、学問を学ぶ上での大きなポイントといえる。「よくできる」などと褒められて、喜ぶのは高校生までである。また、「あの人が言っているのだから正しい」なんて言うのでは主体性のかけらも見出せない。「自分で考え、行動する」、これは、学問以前の社会人としての基本である。

もう一つは、一つだけの史料で判断することは危険だということである。今回の場合、三くだり半の史料を参照しただけでは、角蔵がてつに対して離縁状を突きつけたという非常に男性優位の印象を持つであろう。しかし、もう一つの史料を見ると、離縁状は角蔵の積極的な意思で書いたとは必ずしも言えない。てつが東慶寺へ駈け込んでしまったので、角蔵はしかたなく離縁状を書いた、ということになる。思っていたのとは正反対の結論が出たという感じである。そうはいうものの、歴史史料について述べると、史料は非常に限られており、限界がある。ただ、できるだけ史料を集めて考えるということは大事である。そして、少なくとも、一つの解釈にとらわれず、新たな史料が出てきたときに、自分のそれまでの考えに固執せず、新たな解釈を試みようとする柔軟性が求められるのである。こうした訓練も今の社会で大事なことだと思う。

そして、最後の一つは、歴史上の出来事とは、何も、年表に書かれていることだけが、大きな出来事というわけではないということである。慶応二年（一八六六）は角蔵にとって人生の画期となる年であったに違いない。それは、なにも、歴史年表に残るような、江戸の打ちこわしがあった、武州騒動があった、第二次長州戦争が行われた、ということではない。自分が離婚した年だからである。もちろん、そんなことを角蔵に直接聞いたわけではない。もしかしたら、あまり大したことではないかも知れない。

時代の変化に大きく影響した事件というのは、大勢の人に影響を及ぼすので、大事であるが、何が重要で、何があまり重要でないかという判断は、各人に委ねられているのである。もちろん、独善的にならず、判断力や価値観は常に磨かなければならない。それは、自分にとって大事なことでなくとも、他の人にとっては大事なことなのだという包容力をもって物事を考えるべきだと思うのである。

●歴史学の視点から●

歴史学の視点から、二つの点を述べておこう。

一つは、三くだり半に対する評価である。江戸時代は、男性優位な社会であると評価できるか否かという問題である。最近、今回の事例などを紹介しながら、決して男性優位とはいえないのではないかとする評価もある。三くだり半を提出するまでに夫婦間で相当話し合いがなされていたと言われている。ただ、「男性からしか三くだり半は出すことができない」というのも事実である。この点は議論の分かれる点であろう。男性優位か否かという議論は、別の次元の「何故、三くだり半を男性が書いたのか」などという本質的な議論にも関係するのである。たとえば、「男性しか書けない」という理解ではなく「男性が書く」という事実認識の違いにまで及ぶ。また、こうした問題点にまで及ぶと、三くだり半だけで判断できる問題ではない。多面的に検討する必要があろう。

もう一つ、同史料とは離れるが、駈込寺の性格について紹介しよう。女性は駈込寺に入る直前につかまったとしても、自分の身につけていた櫛や草鞋などを寺内に投げ込んで、中に入りさえすれば、寺内に入ることが優先されたといわれる。この点は、現在の感覚とずれている点といえよう。それは何故なのか、論理的に考えることが大事である。こうした問題について、長年研究されている高木侃氏の成果によれば[1]、こうした点を寺院アジールの性格として捉えている。アジールとは不可侵の聖域、平和領域といわれる。平易な言葉でいえば、安全地帯のようなものであろう。中世ではさまざまな場所にあったとされるが[2]、近世になると、しだいになくなっていくことが指摘される。そうしたなか、このような駈込寺の存在は、近世にまで残っているアジールとして注意する必要があろう[3]。

1　高木侃『縁切寺満徳寺の研究』（成文堂、一九九〇年）、同『三くだり半　江戸の離縁と女性たち』（平凡社、一九八七年）。

2　網野善彦『無縁・公界・楽』（平凡社、一九七八年）。

3　佐藤孝之『駆込寺と村社会』（吉川弘文館、二〇〇六年）。

第二章　「竹島」での密貿易

はじめに

天保七年（一八三六）六月、大坂町奉行所は大坂において不審な船頭・船乗りを召し捕えた。積荷などに不審な物が見られ、さらに尋問したところ、石見国浜田（現島根県）より朝鮮国「竹島」へ渡海し、交易していたことが露見した。この事件は、海外渡航の問題や石見国浜田藩をも含めた密貿易の問題として発展する。本章では、この事件を「竹島渡海一件」と呼ぶことにしたい。ちなみに、本章で記載している「竹島」は今日でいうところの鬱陵島のことを指すといわれる(1)。この「竹島」は、過去には伯耆国米子領の人々が渡海し、漁業などが営まれていたが、元禄期に朝鮮国領となって以来、渡海が禁止されている。ちなみに、現在、国境問題などで問題となっている竹島は、当時松島といわれており、別の島のことである。ただ、本史料では、「竹島」と表現されていることから、鉤括弧で括ることで史料文言としての「竹島」を利用することにしたい。

この「竹島渡海一件」は、「外務省記録」にも紹介され(2)、すでによく知られている。この一件については、森須和男氏による一連の成果があげられるが、(3) それ以外にも、『浜田町史』をはじめとしていくつかの文献にも明らかにされてきた。(4) また、『対外関係史総合年表』の天保七年六月の項を参照しても、(5)「朝鮮国竹島（鬱陵島）で潜商を行なった石見国浜田の廻船問屋会津屋清助の忰八右衛門をはじめ、関係した浜田藩家老・商人、江戸・大坂の商人、小豆島の船乗ら、大坂町奉行矢部定謙から寺社奉行井上正春に引き渡される……」と紹介されている。これらは、「竹島」での密貿易が露見し、関係者が処罰されたという事実を紹介したものである。この点、確かにそうなのだが、それでは、何故この時期、かかる事件が起きたのかという点について、十分に明らかにされたとはいえないだろう。

ところで、この事件は、当時から、一般に知られていたと考えられ、各所に類似した史料が残されている。

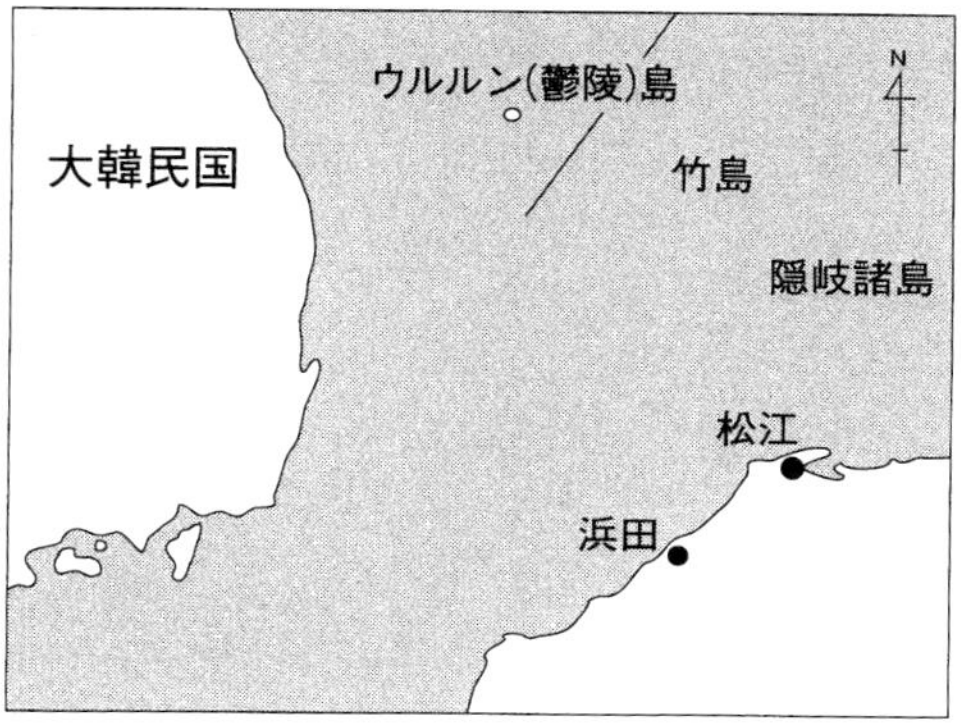

著名なものは、「朝鮮竹島渡航始末記」であるが、(6) それ以外にもいくつか残されている。その一つが、「斉興公史料」のなかに掲載されたもので、「竹島へ渡海一件」という内容であり、その詳細がわかる。(7) 同史料は、後述するように、史料の内容・名前などに誤記が多く見られる。しかも、この事件の地の藩主である松平周防守の処遇について、「松平周防守殿石州浜田城主ナリシカト、仙石一条ニ付、奥州棚倉へ当夏国替ナリケル処、異国へ米穀通商之義当夏露顕ニヨッテ、家領被召上没収改易之上切腹被仰付……」と、記載されている。松平家が仙石騒動の結果、天保七年三月陸奥国棚倉へ転封されたことは事実であるが、改易にはなっていない。むしろ慶応元年（一八六五）には老中となり、翌二年（一八六六）には川越藩に転

封する家柄である。その意味では、事実誤認も見受けられる。ただ、松平家の立場からすると、この事件は、仙石騒動により行われた棚倉藩への転封に、さらに追打ちをかけたものであることは確かである。

ちなみに、引用史料である「斉興公史料」は、薩摩藩「国事鞅掌史料」編纂事業の一環として、市来四郎が中心となってまとめたものである。[8] その意味では、二次史料である。しかも、薩摩藩にとって、直接関係のない事件であった。ただ、薩摩藩も琉球との間で交易を行っており、他人事として看過できない事件であった。よって、その成り行きを写し取ったものと考えられ、その結果、いくつかの箇所に誤記が見られたものと考えられる。

ただ、「竹島渡海一件」の問題を知り、同史料が豊富な内容を提供してくれている以上、他の史料と内容を突き合わせながら検討し、確認していくならば、同史料を検討する意味は少なくないだろう。[9]

ところで鎖国制は、幕藩制国家を考える上で重要な意味を持つ。たとえば、鎖国制のために輸入品に依存せず、国内で生産しようとする国産化による再生産構造は、幕藩制国家を考える視点として重要である。[10] また、その一方で、かかる鎖国制を考える上で、提起された「四つの口」に伴う、海禁論も従来における鎖国理念の再考を促す上で重要な研究といえるだろう。[11]

ただいずれにせよ、これらの研究に見られる交易の主体は、幕府ないし藩であった。それに対し、本章で明らかにする「竹島渡海一件」は、浜田藩領内の廻船問屋（清助の息子八右衛門）が画策し、銀主として大坂商人を担ぎ出し、船乗りを雇い入れたものである。むろん、その介添えとして、家老（事件発覚当時はすでに隠居）岡田秋斎（頼母）や年寄役松井図書・勘定方橋本三兵衛などは参加しているが、直接には関与していない。その意味では、藩を直接には介さない、いわば民間レベルでの交易であったといえるだろう。

かかる点を踏まえつつ、本章は、事件のあらましを紹介しつつ、民間レベルでの異国との交易の問題に注目していくことで、従来の対外関係史の議論に一石を投じることにしたい(12)。

1 「竹島渡海一件」の経過

まず最初に、「竹島渡海一件」の経過について紹介しよう。

先にも指摘したことだが、天保七年(一八三六)六月、大坂町奉行所は、不審な船頭を捕えて吟味したところ、国内の交易品として不審なものが出てきた。これらを追及すると、石見国浜田から「竹島」へ渡り、交易を行っていたことが露見した。天保七年六月十日、事態を重く見た大坂町奉行所は、「竹島」への渡海に関わりのある以下の五人を江戸表へ引き渡した。

① 八右衛門(13)。当時三八歳であったこの男は、石見国浜田松原浦のきく方に住んでいた(きくは八右衛門の母に当たる)。ただ人別帳には掲載されておらず無宿者であった。後述するが、この人物が「竹島渡海一件」の首謀者であり、死罪にもなっている。

② 讃州小豆島の船乗り重助(四九歳)と同所船乗り平右衛門(六二歳)。「竹島」に渡海したときの船乗り。

③ 船乗り新兵衛(三四歳)。豊田郡生口島瀬戸田町居住、②の重助・平右衛門とともに案内人として「竹島」に渡海する。

④ 大坂安治川南播磨屋善右衛門借家の淡路屋善兵衛(七〇歳)。八右衛門に対し、船乗りや船主の紹介など、さまざまな渡海の手引きをした。

彼らは、江戸に送られ、入牢の上、吟味が行われた。そこで明らかにされた「竹島渡海一件」の内容は、以下の通りにまとめられる。

〔史料1〕

右竹島ト申ハ浜田領沖合之島ニテ、無人島ニテ朝鮮向寄之島ニ候処、右島ニテ日本之刀剣之類ヲ漁猟船へ積込候テ、漁船之姿ニテ異国人之交易致シ候由、刀剣ハ江戸並諸方買集、道中筋ハ浜田用物之会符ヲ用ヒ候之由之一件

当時「竹島」は、浜田領の沖合に位置し、無人島であった。この場所へ、漁船の姿で身を変えつつ、江戸や各地で買い集めた日本の刀剣を運び込み、異人（おそらく朝鮮人であろう）と交易したというのである。

首謀者である八右衛門は、石見国浜田の廻船問屋清助の悴にあたる。八右衛門の父清助は、浜田屋敷に多額の損金を出したまま死去する。この死去で、本来ならば屋号は断絶するところであったが、そこまでには至らなかった。八右衛門は、六年前（天保元年〈一八三〇〉）に江戸屋敷で、清助の代で失敗した損金分を取り戻すことを趣旨とし、「為冥加浜田沖竹島ト申方ニテ魚沢山ニ付、漁被仰付候ハヽ、年々御運上奉差上候……」と、勘定方である村井萩右衛門や元〆役である三沢五郎右衛門に対し、運上銀の支払いを条件に「竹島」への渡海許可を願い出たのである。彼らは、この願書を受け、大谷作兵衛を八右衛門に紹介している。ただ、勘定頭である斎藤與左衛門と家老岡田秋斎の許可を得る必要があるとして、そのままとなっていた。

この八右衛門から「竹島」への渡海の訴願が提出されたのを受け、「竹島」の海域がどの国に属するか不明瞭であるとし、藩内で独自の調査を行っている。浜田藩家老松平亘は対馬藩主宗氏の家老杉村但馬に問い合わせている。本来、異国に関する内容は宗家が管理するものの極秘のはずであった。それに対し、松平亘

の主人である松平下野守は、天保六年（一八三五）十月まで老中の役職に就いていた。このため、杉村但馬は、断るわけにはいかないと判断している。そして、松平亘個人の問合わせに対し、杉村但馬は主人である宗氏に伺いを立てることなく、「宗家記録」から勝手に「竹島」について記載された箇所を抜き出し渡したのである。この記録自体は、松平亘だけでなく、当時藩主であった松平下野守へも提出している。結局、それらの取組みはなされるものの、「竹島」への渡海の是非の結論を出すことができず、放置されたままだった。

一方、八右衛門は、人別に入れず、無宿者として、松原村の母であるきく（清助の後家）の住み家を拠点に行動している。そして、提出した願書の反応が遅いために、八右衛門は家老岡田秋斎のもとで勘定方を務めていた橋本三兵衛を頼り、同様の願出を行ったのである。この橋本三兵衛は、勘定方として敏腕をふるっていた人物として知られ、開墾地分割など紛争の解決などを行った地方巧者でもあった[14]。この橋本三兵衛より「最寄之松島へ渡海之名目ヲ以竹島へ渡稼方見極候上、弥益筋有之ナラハ取計方モ可有之由……」と、松島へ行くことを名目としながら、「竹島」へ渡海することを示唆したのである。さらに、この取組みの有益性が判明した段階で、浜田藩全体としても積極的に取り組むことを約束したのである。かくして、浜田藩勘定方橋本三兵衛の内諾を受けて、八右衛門は、渡海実現に向けた第一歩を踏み出すことになった。

次に資金面の調達である。この点は、浜田藩家老岡田秋斎・年寄役松井図書が承知の上での行動であるとし、銀主として大坂の中橋町中国屋庄助の支援を得ることに成功している。そのさい、橋本三兵衛は、八右衛門が庄助の信用を得るために、大坂蔵屋敷に詰めていた島崎梅五郎を紹介している。橋本三兵衛は島崎梅五郎に書翰を送り、八右衛門に庄助を世話するよう指示したのである。さらに庄助だけでなく銀主として、手船定七（橋町大国屋定七）をも抱き込み、八右衛門の計画に対し、渡海費用の調達や廻船の建造とともに、手船などを貸与し、渡海準備の資金的支援をしている。

さらに八右衛門は、大坂において善兵衛と接触し、いろいろと相談している。善兵衛は、相談に応じてさまざまな指示を与えている。まず、銀主としては、大坂江之子島東町の藤三郎（江之子島東町―播磨屋藤三郎、後述）を紹介し、「竹島」への渡海許可が浜田藩からおりるはずという見通しのもと、金子とともに手船を借り受けている。同様に、船乗りである下助任村の藤右衛門や、新戎町の船乗り源蔵も紹介している。さらに、こうした人々の紹介だけでなく、八右衛門に対し、「（橋本）三兵衛へ申聞候上渡海可致抔……」と藩内の意見統一を指示している。

この善兵衛を通じて、船乗りである源蔵を紹介した。さらに、阿波国下助任村の藤右衛門・同国鞆浦加兵衛ほか二人を雇い入れている。その上、すでに八右衛門とともに乗り組んだとされる瀬戸田町新兵衛を案内人とし、讃州小豆島の馬木村重助ら二人が乗船している。かくして、「竹島」への渡海が実現したのである。

「竹島」への渡海は、「表立難及差図旨申聞候之段……」と、渡海自体に問題があり、表向きの許可が得られないことを前提としながらも、松島へ行くとの名目で「竹島」渡海を決行し、漁猟や伐木・草根採取などが行われたのである。「竹島」で入手した材木は、大坂商人で銀主の定七が売り払う世話をしている。清左衛門と利作が口銭を収入とし材木を市売りしている。また同様に、平蔵の口入れによって、作兵衛が市売りしている。市売りした作兵衛も口銭を収入とし、代金は源蔵が受け取っていた。

この一件が幕府に発覚した六月九日、藩主松平周防守は、この一件に関係していたと考えられる浜田藩家臣五人を江戸に出頭させる趣旨で、すぐに飛脚を浜田へ派遣した。飛脚が浜田に到着したのは六月二十一日のことであり、二十七日に江戸に出発することが決まり、準備を進めていた。しかし、出頭が命じられた五人のうち、すでに隠居の身であった岡田秋斎は出発の前々日（二十五日）ににわかに暑気あたりとなり、年寄役松井図書も、出立の前日に腹痛となり、出発を見合わせていた。

そうこうしているうちに、岡田秋斎は二十八日夜に、さらに松井図書も、二十九日早朝に自殺してしまったのである。この自殺の様子については、疵所を改め、書き付けるとともに、[15] 岡田八十郎と松井遊山（図書の父）の口上書、医師の書付けが江戸へ送られてきている。この内容を松平周防守から老中である松平（本荘）伯耆守へ届けたのは、七月十九日のことであった。また、寺社奉行の井上河内守へはそれ以前に、これら書付けを添えて届け出ている。

この事件を重くみた当時の幕閣は、町奉行筒井伊賀守と、榊原主計頭のそれぞれの与力・同心の六人を検使として浜田に派遣した。しかし検使が浜田に到着したときには、自殺した二人の死骸は、すでに処理されていた。岡田秋斎の場合、「秋斎ト有之、右ハ一件起リ候付俄ニ隠居致シ候由、右ニ付名前同人ニテ違中候由、組見分ニ参リ候付、右死骸石灰ニテ埋置候事之由、見分ニ参リ候与力・同心トモハ殊之外歓候由トイフ、物語覚聞之」と、この事件が露見したのちに隠居しており、同一の名前で人物的に異なるものが自殺したのだという疑義がかけられていたが、死骸はすでに石灰で埋められ、確認できなかった。かくして、疑惑は闇に葬られた結果となったのである。

2　「竹島渡海一件」の顚末

この事件が露見した後、取調べのあいだ、多くの関係者が自殺または病死している。

松平周防守康爵の家来で、事件に深い関わりがあったと考えられる岡田秋斎と松井図書は自殺して果てたことは、先に述べた通りである。讃岐国小豆島馬木村の仲蔵・與左衛門・貞次郎・利五郎・栄蔵の五人をはじめ、阿波国鞆浦嘉兵衛、安芸国生口島瀬戸田町新兵衛らは、いずれも吟味中に病死となっている。彼ら船乗りの一連の病死の実態は、厳しい拷問に耐えかねたものなのか、自ら死を選んだのか、はたまた本当に病死であったのかわからない。ただ、彼らの死により、事件の真相解明は不十分のままとなっている。

当時藩主であった松平周防守康爵はこの一件を受けて「差控」を申し出ているが、「此義ニ付テハ不及差控候」と回答を受けている。ただし、このときすでに隠居してはいるが、八右衛門一行が「竹島」に渡海していたときの藩主であった松平下野守康任に対し「永蟄居」が命じられている。松平下野守康任に対する罪状には、松原浦にいた八右衛門が「竹島」へ渡海する計画を家来が聞いたときに、厳重な取締りをしていないこと、そして、渡海した後も黙認の姿勢をとり八右衛門を糾明していないこと、があげられている。

このように、「竹島渡海一件」は、浜田藩の問題としては回避され、その一部が策動したものとして位置付けられた。当時藩主であった松平下野守康任へは領内の取締りと家臣の取締りに問題があるとして、監督不行届きとして「永蟄居」になっているが、当代の藩主松平周防守康爵へは沙汰がなかったのである。

浜田藩内での主犯格として考えられた岡田秋斎や松井図書はすでに自殺しており、結果「死罪」に処せられた家臣は橋本三兵衛だけであった。この処罰の理由として三つ指摘されている。一つ目は、橋本三兵衛は、八右衛門の取組みに対し、家老岡田秋斎との仲立ちをしたという点。二つ目は、八右衛門の竹島渡航の計画に対し、資金調達の斡旋を引き受け、大坂蔵屋敷の島崎梅五郎を八右衛門に紹介し、大坂商人の中橋町大国屋定七を銀主として紹介してもらっているという点。三つ目は、岡田秋斎の発言を脚色し、八右衛門の国禁を犯す行動を助長したという点である。

松平周防守の家来で、当時大坂蔵屋敷に在勤中であった島崎梅五郎（現在無役）は、「押込」となっている。渡海を目論んで八右衛門が銀主を紹介するさいに、しかるべき対応の指示を岡田秋斎と松井図書から受けていた。島崎梅五郎自身はこの銀主を紹介する意図を知らされていなかったにせよ、詳細を究明していないことから対応に問題があるとしたのである。

また、家老松平亘も、「竹島渡海一件」について聞き及んだ段階で、「宗家記録」の抜書を取り寄せるなど状況把握に努めている。結果として、なんら対応していないとし、「役義取上ケ押込」となっている。同様に、対馬藩家臣杉村但馬も、主人である宗氏に問い合わせることなく、極秘なはずの「宗家記録」の抜書を渡したことで、「役義取上ケ押込」となっている。

八右衛門が最初に訴願した浜田藩家臣である勘定方大谷作兵衛をはじめ、元〆役三沢五郎右衛門、勘定方村井萩右衛門は、八右衛門の「竹島」渡海の願書を取り上げなかったにせよ、この段階で計画を阻止せず、結果として渡海が行われたこととし、三人一同「押込」となっている。

浜田藩内で今回の事件の首謀者として重要人物であった岡田秋斎と松井図書はいずれも自殺し、疑惑は闇に葬られた結果となった。そのさい、検使が到着する前に死体の処理をした者も、それぞれ処罰されている。岡田秋斎が自殺したさい、家老谷口勘兵衛と年寄三宅矢柄介は自殺現場を片付けたことで「押込」が命じられ、召使いである杉浦仁右衛門は死骸をそのままとせず片付けたために「急度叱り」となっている。

松井図書の死体処理も同様である。南又左衛門（松平周防守家来馬廻り）と名代吉口秀右衛門は、図書が吟味の呼出しがされた後に自殺したにもかかわらず、現場を片付けたために、「急度叱り」になっている。

以上に見られるように「竹島渡海一件」に関わりのあった浜田藩の家臣の多くは、何らかの処罰を受けている。また同様に、勘定方大谷作兵衛など、この渡海に積極的ではなく黙認した家臣も処罰されている。しかし、藩主松平周防守自身には結果的に何らお咎めがなかった。つまりこの一件は、浜田藩総体の問題としては取り上げられず、関係者の処罰によって対応されたのである。

次に、実際に渡海を計画し、行動した人々について見ていくことにしよう。

首謀者八右衛門は「死罪」となっている。「竹島」へ渡海し、立木を伐採して輸送することで、朝鮮国に対し「不軽儀不届」であることが理由であった。

さらに、銀主や船乗りの紹介をし、さまざまに渡海を手引きした善兵衛に対しては、大坂で「永牢」となっている。同様に、船乗り善蔵も、「竹島」への渡海が許されないことを知りながら渡海を決行し、伐木し草木を持ち帰り売り払ったため、大坂で「永牢」となったのである。

松原村の清助の後家（八右衛門の母）きくについては、八右衛門の行動は知らなかったにせよ、所払いとなっていたはずの息子をしばしば止宿させたことで、「過料」として三貫文の支払いが命じられている。

阿波国下助任村居住の船乗り藤右衛門も、病死したことから不問となっているが、本来は、「竹島」へ渡海し、材木や草根を持ち帰り売り払ったため「永牢」となっている。

銀主として渡海費用をはじめ、手船の貸与や販売斡旋など資金面で援助したとされる関係大坂商人三人に対し、播磨屋藤三郎は材木を取り上げ「中追放」、大国屋定七は「軽追放」、中国屋庄七は「大坂三郷ヲ構江戸払」にしている。

また、材木の販売にかかわった商人に対して、「竹島」で伐採した材木か否かは知らなかったにせよ、出所を確認せずに販売したとして、口入人である平蔵は酒代を、実際市売りをした作兵衛・清左衛門と利作は口銭分が取り上げられ、それぞれ「急度叱り」となっている。逆に、天保八年（一八三七）三月二日、この「竹島」一件が解決したことで、勘定吟味役中野又兵衛をはじめ六人は褒美を受けている。

おわりに――二つの問題提起

以上、『竹島』での密貿易」と題し、「竹島」で行われた密貿易と、その顚末について紹介してきた。浜田藩の家臣に対して、相当に厳しい罪が処せられているものの、浜田藩総体としての取組みではなく、八右衛門個人の策動として把握され、浜田藩の一部家臣がそれを幇助したということで、解決したのである。「はじめに」において、事実誤認の例として、松平周防守がこの事件を理由に改易に処せられたとの点を指摘した。ただ、おそらく幕閣のなかで改易といった意見も出され、こうした風聞も飛び交ったことは十分に考えられるところである。しかし、結果として浜田藩の一部家臣の行動ということになっている。この点は、後述する史料2の触れでも八右衛門個人の問題とされていることからも妥当といえるだろう。

また、この事件は、直接に関わりはないにせよ浜田藩をも巻き込んだ密貿易事件として、当時から注目されていた。実際、この事件が浜田および江戸に限らず各所に書き残されたという事実は、当時の人々の異域に対する関心の高さを示している。

以上の経緯を踏まえつつ、最後に二つの点を展望しておきたい。

一つは、民間レベルでの異国との交流（交易）についてである。今回の事件は、首謀者は八右衛門で、それに一部の浜田藩の家臣や大坂商人が参加したものであった。彼らは、死罪をはじめ厳罰に処せられた。しかし、これらの「竹島」での交易を企画するに当たり、恒常的に「竹島」を往復していたという姿が展望できる。「芸州瀬戸田町新兵衛外弐人ヲ案内ニ頼……」という記載に見られるように、瀬戸田町（生口島）の新兵衛は船乗りとしてだけでなく、「竹島」への道案内をも兼ねている。ほかに関係する船乗りは、讃岐国小豆島、阿波国下助任村、鞆浦などに在住している。つまり、「竹島」への渡海に参加した船乗りは日本海域の船乗りだけでなく、瀬戸内海地域に居住する人々も多くいたと考えられるのである。当時の瀬戸内海の船乗りにとって、行動範囲は当該地域だけでなく、より広域的に航行していたことがうかがえるのである。

このことと関連して、もう一つ指摘しておこう。橋本三兵衛に対する罪状の一文の、「内々渡海之上及露顕ナラハ漂着之姿ニ可申成ト、聢ト秋斎内意之趣ニ潤色致シ、八右衛門へ申含……」という箇所に注目したい。以前私は、訴願などで要求を実現するさい、その文章作成において重要なのは事実関係を明らかにするというよりもむしろ正当性を主張しうる論理（相手に対していかに説得力を持たせるか）であることを指摘した[16]。この点、かかる密貿易が露見したときには、「漂着之姿」と主張することが一つの正当性を主張する論理的根拠となりえたのである。すなわち、海外渡航が行われ、それが発見されたとしても、「漂流」「漂着」したということが論理的な正当性として認められていたのである。

池内敏氏は『近世日本と朝鮮漂流民[17]』において、漂流民への対応から近世国家を展望されている[18]。また、木部和昭氏は朝鮮人の漂流民に対する送還体制の様子を紹介されている。このように、近世後期になるにつれ、各所において漂流民の送還が多発している[19]。こうした漂流民の増加は、幕藩制国家論との関わりから送還体制の整備の問題や、海運業の発達の問題として捉えられていた。ただ、今回の事件を念頭においたとき、

「漂流」という史料文言の裏側には、実際の漂流ばかりでなく八右衛門らが行ったような異域との交易もありえたであろう。海外渡航が禁じられていた当時、それが露見したさいの論理として「漂流」文言が利用されたのである。この点を踏まえてみれば、民間レベルでの海外渡航は、われわれが想像している以上に、多かったと考えられるのである。また、今回の事例から「竹島」に関する情報を入手する方法も、領主のレベルと民間のレベルとは異なっていることが明らかになる。すなわち、領主の場合は、朝鮮との仲立ち役を務めていた宗氏から情報を入手するのに対し、民間レベルでは、生口島瀬戸田町新兵衛などに案内を依頼することで情報を得ている。

天保八年（一八三七）三月、左記のような触れが出されている。

〔史料2〕

今度松平周防守元領分石見浜田松原浦罷在候無宿八右衛門竹嶋へ渡海致し候一件、吟味之上右八右衛門其外夫々厳科ニ被行候、右嶋往古者伯州米子之者共渡海魚漁等致候といへ共、元禄之度朝鮮国江御渡しニ相成候、以来渡海停止被仰出候場所ニ有之、都而異国渡海之儀者重々御制禁ニ候条、向後右嶋之儀も同様相心得渡海致す間敷候、勿論国々の廻船等海上におゐて異国船ニ不出合様乗筋等心掛可申旨、先年茂相触候通弥相守、以来ハ可成たけ遠沖乗不致様乗廻り可申候

右之趣御料者御代官、私領者領主地頭ら浦方村町共不洩様可触知候、尤触書之趣板札ニ認、高札場等ニ掛置可申物也、

右御書附従江戸到来候条、洛中洛外へ不洩様可相触候也

酉三月

同史料は、『京都町触集成』から収録したものである。[20] 京都の町触れとしてだけでなく、渡海禁止を全国法令という形で徹底したことがわかるだろう。八右衛門一件を添えて触れが出されており、その意味でも幕府は、この事件に強く注目したことがわかるだろう。[21]

こうして「竹島渡海一件」は、これまで行われていたと考えられる民間レベルの密航・渡海の熱に、冷や水をかけることになったのである。

註

（1）　中村栄孝「竹島と鬱陵島」（『日鮮関係史の研究』下、吉川弘文館、一九六九年。また、詳細については、川上健三『竹島の歴史地理学的研究』古今書院、一九六六年、を参照のこと）。ちなみに、「竹島」を朝鮮国領とするのは、元禄九年（一六九六）一月の渡海禁止令に基づいている。

（2）　国立公文書館内閣文庫所蔵。

（3）　森須和男「竹嶋一件考―竹嶋一件の前段階―」（『亀山』一四〜一九・二三、一九八七〜九二・九六年）、同「今津屋八右衛門」（『会報（初雁温知会）』第二六号、一九九七年）。

（4）　石見史談会編『浜田町史』（一九三五年）、田村清三郎『島根県竹島の新研究（復刻版）』（古今書院、一九九六年）、矢富熊一郎「浜田藩」（『新編　物語藩史』第九巻、一九七六年）、奥村碧雲「竹島沿革考」（『歴史地理』八―六、一九〇六年）、樋畑雪湖「日本海に於ける竹島の日鮮関係に就いて」（『歴史地理』五五―六、一九三〇年）。ちなみに最近対外関係史についての文献目録が二冊刊行された。中田易直・清水紘一編『近世日本対外関係文献目録』（刀水書房、一九九九年）と石井正敏・川越泰博編『増補改訂　日中・日鮮関係研究文献目録』（国書刊行会、一九九六年）である。いずれも、索引なども整っており便利である。あわせて、参照されたい。

（5）　対外関係史総合年表編集委員会編『対外関係史総合年表』（吉川弘文館、一九九九年）。

(6) 島根県編『新修　島根県史　史料篇3　近世下』(一九六五年)。
(7) 『鹿児島県史料　島津斉宣・斉興公史料』(一九八五年)。
(8) 「解題」(『鹿児島県史料　島津斉宣・斉興公史料』)。
(9) 「潜商刑罰」(『通航一覧続輯　第一巻』一九六八年)、松浦静山『甲子夜話　三篇　3』(東洋文庫四一八、平凡社、一九八三年)、『藤岡屋日記　第一巻』(三一書房、一九八七年)。また『天保雑記』には「竹島江渡海いたし候一件」「松平周防守家来揚屋入御届」「松平周防守所替ニ付伺書」「松平周防守家来等竹島渡海御咎」「竹島渡海御制禁之御触」「竹島一件取扱候人々御褒美」と、一連の事件がとりまとめられている。また類書として「天保七申年竹島一件御沙汰書留」があり、『浜田市誌』(一九七三年)は同史料を引用しているが、私は未確認である。ちなみに、梅田正武「竹嶋一件御沙汰書留」(『会報(初雁温知会)』第二七号、一九九八年)で、同史料について紹介している。
(10) 佐々木潤之介「鎖国と鎖国制」(『幕藩制国家論　下』東京大学出版会、一九八四年)。
(11) 加藤栄一・北島万次・深谷克己編『幕藩制国家と異域・異国』(校倉書房、一九八九年)、木村直也「近世中・後期の国家と対外関係」(『新しい近世史2　国家と対外関係』新人物往来社、一九九六年)。なお、私自身の見解としては、海禁論は対外関係史を検討する上で重要な視点であるのに対し、鎖国制論——この場合、鎖国論ではない——は国内市場などを考える上で重要な点であると考えている。
(12) 本章では主として『鹿児島県史料　島津斉宣・斉興公史料』所収の「竹島へ渡海一件」「松平周防守家領没収ノ件」を参照した。
(13) 八右衛門の屋号は、会津屋・金津屋・今津屋など史料により異なる。ちなみに、最近の研究では、当時の浜田町における商人の検討から、今津屋であろうといわれている。
(14) 「橋本三兵衛」(『三百藩家臣人名事典』第五巻、新人物往来社、一九八八年)。
(15) 『浜田市誌』には、岡田秋斎が居間の縁座敷で自殺した様子など死骸跡の記載が残されており、自殺の様子がわかる。
(16) 拙稿「近世中後期における訴願論理と実現過程」(『中央史学』二一、一九九八年)。

(17) 池内敏『近世日本と朝鮮漂流民』(臨川書店、一九九八年)。
(18) 木部和昭「近世期における朝鮮漂流民と民衆」(『山口県史研究』四、一九九六年)。
(19) 池内敏氏は、「近世日本人の朝鮮漂着年表」(『近世日本と朝鮮漂流民』)において、漂流民の様子を紹介されている。
(20) 京都町触研究会編『京都町触集成』第十一巻(岩波書店、一九八六年)。
(21) 池内敏氏は、史料2の「朝鮮国江御渡しニ相成候」という表現に注目され、かつては日本のものであったという含意があることを指摘し、その後の鬱陵島への開発熱を生んでいくことを指摘されている(池内敏「17―19世紀鬱陵島海域の生業と交流」『歴史学研究』七五六、二〇〇一年)。

●この事例のポイント●

本章では「竹島」(=現在の鬱陵島)での密貿易について紹介した。密貿易であるということは、国禁を犯したことを意味する。このため密貿易の史料を残しておくということは、証拠を残すという意味でもある。よって、密貿易に関する具体的な史料は残りづらい。たまたま発覚したので、具体的な計画や処罰の過程が判明するのである。それはそうと、本章のポイントについて、順を追いながら三点ほど述べておくことにしよう。

第一点目は、「竹島」の位置である。竹島というと、現在話題の竹島問題の地という印象だが、江戸時代の竹島は鬱陵島のことであり、現在問題になっている竹島とは場所を異にする。現在の竹島は岩礁であり、本章の内容で材木伐採が行われているという事実からも江戸時代の竹島とは異なることが明らかである。当時は、松島と呼ばれていた。話題になっている場所なので、まず竹島の位置について確認しておいてほしい。

第二点目は、何故島津家の史料に残されていたのか? という点である。これは、史料を扱うに当たり吟味すべき点である。どこの部分でも史料が残っていさえすれば引用してよいというわけではない。しかも、当時の史料ではなく、写し(=二次史料。新聞や由来書、家譜などもそれに当たる)の場合は、それなりに事実を伝えているかどうか、合理性を考える必要があるだろう。その理由については、本文にも記載した通り、薩摩藩自体が琉球との密貿易を行っていたために、この密貿易の発覚は他人ごとではなかったということで、書き残されたのだと考えられる。ある程度の説得性を含み込み、どれだけ客観的なものなのかという点を念頭においた史料の扱いが求められるところである。

ただ、少し注意しておきたいのは、偽文書は扱ってはいけないというわけではない。最近、由緒書などが注目されている。由緒書とは、自分のルーツを叙述したものである。内容自体は、嘘臭い叙述も多く、よいことしか書かないのが一般的であるが、逆に「何故、嘘を書こうとするのか」「(事実とは異なることを念頭において)どのようなことが書かれているのか」「何故、それがよいことなのか」などといった点を考えることも重要なポイントといえるだろう。

第三点目は、結論でも述べた点である。近世は鎖国(海禁)といわれ、海外との交流がまったくないように指摘されているが、実はこのように、民間レベルでは海外との交流が行われていたとみてよいだろう。今回の密貿易の発覚は、むしろ偶然であり、氷山の一角と見た方がよいのかもしれない。実際、日本海の海岸線をすべて監視するのは不可能である。

また、この一件で捕まっているのは、何も浜田藩周辺の船乗りだけではない。瀬戸内海にある生口島(現広島県)の船乗りが案内人を務めており、日本海側の船乗り以外にも瀬戸内海の島嶼地域の船乗りまでもが日本海側へ進出していたことを裏付ける。「海外渡航したと言えば厳罰に処せられる。だけど、見つかったら『漂流した』と述べれば許される」という考え方で思い出されるのは、大黒屋光太夫である。大黒屋光太夫は、伊勢の商人で、江戸に向かう途中、遠州灘で大時化に襲われ、アリューシャン列島の小島へ漂着したとされる。その後、ペテルブルグ(レニングラード)まで行き、女王エカテリーナ二世と謁見した。このときも日本への帰国に際し「漂流した」と述べている。「物は言いよう」という感じだが、大学での講義中にわかりやすい話として「教室から外に出るとき、電話と言えば許さないが、トイレと言えば許される」と言ったら、実際に「トイレ」と言って出ていった学生がいた。

話を戻そう。この発想で考えると、江戸時代の鎖国のイメージが崩れていくかもしれない。また、逆に「みんながみんな海外に行っているわけではないではないか」というかもしれない。ただ、海外に自由に行ける今でも行かない人は行かない。まして、江戸時代なのだから。

●歴史学の視点から●

密貿易とは、江戸時代の鎖国と裏腹の関係である。ただ、最近は鎖国という表現はふさわしくなく、海禁の方が望ましいという意見が主流を占めつつある。つまり、鎖国という言葉は、享和元年（一八〇一）に志筑忠雄がオランダ商館医師であるケンペルの著書『日本誌』の第一章を「鎖国論」というタイトルで訳したことに始まるといわれる。現在、近世に見られる鎖国のイメージは、体制概念として考えることが一般的な理解であるが、どうしても国際的に閉鎖的（孤立的）な国というイメージを払拭しきれない。その意味で利用されるのが、海禁という言葉である。つまり、松前口（蝦夷、アイヌ民族）・対馬口（朝鮮）・長崎口（オランダ、中国）・薩摩口（琉球）という四つの口があって、そこでは対外交易（通信国としての朝鮮と琉球、通商国としてのオランダと中国）がなされていたという考えである。そして、シナ海域の通交権は事実上、中国人とオランダ人に帰すこととし、琉球、朝鮮、蝦夷地への往来はそれぞれ大名の管轄の元でなされる、という体制を整えたというのである。そして、こうした体制は、明・清（中国）、あるいは朝鮮と共通の考えに立っていたとするのである。かかる点は、東アジアにおける国際関係を踏まえつつ、日本型華夷秩序の議論にもなっている[1]。

このように、民間レベルの交流（密貿易）とは別に、近世における対外関係のイメージについて、日本を日本だけで理解するのではなく、東アジア全体として把握しようとする大きな議論が期待されるのである。

1　荒野泰典・石井正敏・村井章介『アジアのなかの日本史』Ⅱ（東京大学出版会、一九九二年）、荒野泰典『近世日本と東アジア』（東京大学出版会、一九八八年）、山本博文『鎖国と海禁の時代』（校倉書房、一九九五年）。

第三章　「薩摩藩蒸気船砲撃一件」に見る薩摩藩と長州藩

はじめに

文久三年（一八六三）十二月二十四日、豊前国田之浦付近の浦辺で、上方より馬関海峡を横断中の薩摩藩の蒸気船が、長州藩の砲撃により炎上・沈没した。乗組員六八人のうち、四〇人は無事であったが、二八人は溺死した。死去したなかには、船長であった宇宿彦右衛門をはじめ、侍身分のものも九人含まれていた。

長州藩が砲撃を実行した馬関海峡は、当時緊迫した情勢で国内外の注目の場所であった。文久三年五月、長州藩は攘夷決行を理由に、馬関海峡通行の米船を砲撃している。翌月、米・仏・英・蘭によって報復攻撃が行われているが、なお藩内の攘夷論のもと馬関海峡の砲撃準備をゆるめていなかった。この事件が起きた翌年、元治元年（一八六四）七月には禁門の変、さらに八月の四国連合艦隊下関砲撃（下関戦争）、第一次長州戦争の展開と、長州藩の動向を中心として国内の政局はめまぐるしく変化する。この「薩摩藩蒸気船砲撃一件」もまた、こうした一連の政治的事件の一つであったのである。馬関海峡一帯における緊迫した情勢は政治的展開だけの問題ではなかった。史料1を参照しよう(1)。

〔史料1〕

摂州兵庫表へ入津致候、北国米之義者美作・隠岐・出雲・石見・因幡・伯耆・但馬・丹波・丹後・若狭・越前・加賀・能登・越中・越後・出羽・佐渡十七ケ国一円北国与相唱へ此湊々ゟ積出し長州下之関江一ト先滞船相場聞合下直之節者摂州兵庫湊江入津致、此所ニ而売払帰船之由、此船差而大船ニハ無之候へ共兵庫表へ入津之節者百艘又者弐百艘抔と一ト建ツ、之入船ニ而、兵庫表殊之外米沢山之場所ニ有之候処、昨年中已来ゟ長州海岸へ異国船罷越シ何か混乱有之候由ニ而、右北国船九州船兵庫湊へ入津無之旨及承り候

この史料によると、物資流通の問題では、兵庫湊への物資集荷量の減少として、馬関海峡が途絶されたことを理由にあげている。馬関海峡が戦争状態に入ることで、諸廻船の通行が封鎖され、海の平和が保たれなくなり、諸物資の流通も途絶しがちとなったのである。こうした情勢下、長州藩は、当時雄藩として国政にも参与し、発言力を強めていた薩摩藩の蒸気船を砲撃・沈没させ溺死者までを出したことで、薩長間の関係がいっそう緊迫することになった。本章では、この一件を「薩摩藩蒸気船砲撃一件」と呼ぶことにしたい。

『薩藩海軍史』は、近世後期以降の薩摩藩の海事・海軍史を展望した大著である(2)。重要事項には、史料なども付され根拠を明示してあり、史料集としても利用できるようになっている。同書によると、この「薩摩藩蒸気船砲撃一件」について注目し、第十五章「馬関海峡に於ける長崎丸砲撃事件」と章を設けて内容を紹介している(3)。そしてこの事件が起きる背景について、以下のように説明している。

〔史料2〕

（前略）長藩の攘夷説は益々朝廷に勢力を得、五月遂に攘夷の令を発せられ、長藩の一派は更に攘夷親征

を名とし大和行幸を仰ぎしが、親征は聖上の好ませられざる所なりしを以て、八月十八日に至り俄然政情一変し、長藩の勢力は朝廷より一蹴せられ薩藩之に代る、是に於て長藩士等薩藩を憎怨すること甚だしく、薩賊と称し馬関海峡を以て三途の川と為し、薩人をして無事に此の海峡を渡らしめじと称するに至る。斯の如き情勢にありしを以て長藩士等は薩の汽船を認むるや外国船と為し、直に砲撃を加へ遂に之を焼沈せしむるに至りしものにて、素より外国船と誤認せしとは口実に過ぎず、薩船とは協約したる信標を掲げ居りしを以て故意に砲撃したることは之を認めざるを得ざるなり

つまり、文久三年八月十八日の政変以来の長州藩による薩摩藩へのうらみが、馬関海峡を「三途の川」と見立て、薩摩藩蒸気船への砲撃は外国船砲撃を装った予定の行動であったとしている。このように、『薩藩海軍史』によると、薩摩藩蒸気船に対する砲撃は、私怨に基づき、意図的に行われたものとする。しかし、最近の研究成果によると、各々の藩の行動において、「名分」や「公論」など、それぞれ正当性を重視し政治運動を展開していたといったことが明らかにされつつある。[4] この点を踏まえるとき、再検討が求められるだろう。

本章は、かかる「薩摩藩蒸気船砲撃一件」と、その後一か月も経たないうちに起きた、「綿船焼失一件」の二つの事件を取り上げ、幕末期の諸情勢の展開（とくに薩摩藩）のなかで、その歴史的意味を考え、この事件を位置付けていくことにしたい。また、あわせて『薩藩海軍史』の叙述の意図も考えていくことにしたい。

1　「薩摩藩蒸気船砲撃一件」とその背景

「薩摩藩蒸気船砲撃一件」について、その概要を簡単には述べてきたが、さまざまな史料からもう少し詳細に触れていくことにしよう。

長州藩により砲撃を受けた蒸気船は、長崎製鉄所から借用したもので、十二月二十二日昼前に兵庫湊を出航し、長崎に向かったものであった(5)。蒸気船の長崎への航行の理由は、薩摩藩の主張によると「古船ニテ及痛損為修覆……(6)」と、破損箇所が多いことから修繕を目的としていたといわれる。しかし、積載品目に繰綿六〇〇本ほどをはじめ荏子ノ油・唐の土・光明丹など諸商品が含まれており(7)、同乗していた乗組員には浜崎太平次もいた。この浜崎太平次という人物は、薩南の山川・指宿を根拠地に、長崎・江戸・大坂・蝦夷、さらには琉球・呂宋にまで通商の網を張っていた薩摩藩最大の海商として著名な人物である(8)。このことは、蒸気船の航行は、第一義として、綿の商売を目的としていたことを示すといえよう。

砲撃は、二十四日夜五つ過ぎごろ、長州壇ノ浦を航行していたときに起こった(9)。長州藩の台場から合図の大砲三発が発せられたのである。この砲撃を聞くと、蒸気船はかねてからの約束通り、帆柱へ灯籠の上げ下げを六度実施し、国内船であることを合図したのだが、砲撃は止まなかったのである(10)。このため、蒸気船は田之浦へ後退し、この砲撃を回避しようとした。しかしその後も、壇ノ浦—杉谷間の両台場からも三〇から四〇発程度の実丸が浴びせられたのである。折りしも、風が激しく雪が降りしきり、船中からも出火したことで、乗組員は海中へ飛び込んでいる。海岸の浦浜からは板船などにより救助が行われ、九つ時から八つ時にかけて青浜海岸に辿り着いたのである。その後、乗組員は浦浜の人たちから粥や衣類などを与えられ介抱を受けることになる。

蒸気船の沈没の直接的な理由である出火の原因について、砲撃によるものか、自火によるものかは、当初からはっきりしていない。本船の飯焚釜屋が火事になり、それが船底に積載していた繰綿に引火したのが折りからの北風に煽られたと指摘する人もあれば、(11)砲撃が火災の原因とすることもあった。下関や田之浦などでは、大砲（実丸）が蒸気船に当たったことが評判となっており、実際、現地女性の話のなかで、「眼前ニ見物いたし居候処、三発目之玉当り候由……」との言説を得ている。(12)

一方、長州藩は、薩摩藩の蒸気船をねらい撃ちにしたわけではなく、蒸気船を異国船であると判断して、砲撃を実施したようである。砲撃には、五、六百人もの長州藩兵・浪士が参加していた。(13)砲撃当時、折りからの風波により視界が遮られていたところ、突如船体が海峡に出現したため、敵船の急襲と思い戦闘態勢についている。蒸気船の通船合図を聞くと、鉄砲をはじめとして鎗・長刀・抜身を携さえ、臨戦態勢に入り、砲撃を開始したのである。砲撃時、薩摩藩の蒸気船のそばを石炭を積載した萩商船が航行していたが、二発当たり撃沈されている。薩摩藩の蒸気船が炎上したさいの様子について、「四ツ時分ニモ候半、火光青浜之方へ相見得候ニ付、黒船及破壊候トテ一同鯨声ヲ揚候由」(14)と、長州藩の台場からは喚声があがり、翌日下関の触達では「昨夜異船打沈メ候ニ付、異人等死体流寄候共取揚申間敷、且右之異船江日本人乗組居候も難計、若日本人流寄候共、同断流捨候様申渡候由ニ御座候」(15)と、薩摩藩の蒸気船への砲撃は、異国船への砲撃として村々には周知させ死体への対応について記すとともに、同日に「昨夜異船打沈候ニ付、いろいろ風説等いたす間敷旨触達御座候」(16)と、異国船が沈没した一件について、一般に喧伝しないことを周知させている。

また、翌文久四年（一八六四）正月二日には、この一件について、毛利慶親からも、異船が赤間関砲台の眼前に姿を現したことから、急襲と理解し発砲したことが記されている(17)。よって、当初長州藩では、撃沈した船が薩摩船であるという点を認めようとしていない。こうした一連の様子については、史料3に見られる通りである(18)。

〔史料3〕

夷舶砲撃一条、薩船ニハ相違無之様相聞候得共、弥取極メ難相成ニ付、彼方及乞合候得共、未タ返答相分不申候処、過日薩州君側所勤之人市来何某馬関へ罷越、別紙之通申出候付、弥薩船ニ無相違段相分リ候付、別紙御口上之趣ヲ以テ桂譲助御使者トシテ差越申候

史料3からも、砲撃当初は異国船への砲撃として理解されていたが、市来正右衛門の馬関への出向・会談の結果、砲撃対象が、薩摩藩の蒸気船であったことを確認していることがわかる。このように、当初、長州藩は砲撃の対象が薩摩藩の蒸気船であることを認めていなかった。しかし五月、門司浦の大久保浜に流れついた死体が、「鼻紙入之内江大田小平次と書記候紙札七枚、外ニ同人江被相渡候御書付一通有之、未墨色も不相替致分明、慥成証拠も有之当人江別条無之形ニ相見得申候……(19)」などと、溺死者の正体が鼻紙入などにより判明することで、砲撃の対象が薩摩藩の蒸気船であったことがしだいに明確になったのである。

以上、「薩摩藩蒸気船砲撃一件」の概要を述べてきた。このように見ると、長州藩の薩摩藩蒸気船への砲撃は、天候不順によって異国船と誤ってなされたものであった。ただ、馬関海峡は封鎖状態であり、物資流通においても安全が保証されていたわけではなく、緊張した関係であったことは確かである。それでは何故、この時期蒸気船（その本質は、海商浜崎太平次を乗組員として綿などの商品を輸送する商船）が、危険を冒してまで長

崎へ航行する必要があったのか、という点について言及する必要があるだろう。この点について、二つの点から述べていくことにしたい。

まず一つは、外国貿易の面から指摘することができる。元治元年（一八六四）における綿花の高騰の様子について、以下のような指摘を見ることができる。(20)

〔史料4〕

当時日本産ノ綿花高価ナルハ、英・仏二国ニ輸出多キニ由レリ、斯ク輸出ノ多キ所以ハ亜米利幹南北戦争ニ依リ、南方ハ綿花ヲ産シ英・仏二国ニ輸送スルモノナリシカ、戦争中産出ナク、故ニ英・仏二国ノ紡績産業ノ輩日本・支那ノ産ヲ仰ケリ、茲ヲ以テ忽チ騰貴シ、従来之価格二倍騰シ、大坂其他ノ綿商巨利ヲ得タリト云フ

つまり、史料4に記載されているように、ちょうどアメリカ大陸では南北戦争の真っ最中であり、世界市場として見た場合、綿花は不足しがちであった。この点について、山崎隆三氏は国内綿業の展開のなかで、文久三年（一八六三）・同四年両年の綿花輸出膨張によって、「開闢已来覚えざる程の直段」に暴騰した点と、南北戦争が終結した元治二年（一八六五）には沈静していることを明らかにされている。(21)

薩摩藩にとって、綿花高騰といった世界市場にも目を向けて綿花輸出を積極的に実施する上で、長崎は、重要な綿花輸出港として位置付けられた。薩摩藩は、積極的に上方から長崎への輸送活動に取り組んだのである。またそのさい、重要な役割を果たしたのが浜崎太平次であった。史料の引用が前後するが、史料8によれば、浜崎は当時外国貿易品として重要な綿花・茶を堺などで買い占め、兵庫で保管していた。そして、長崎への廻漕を目論んだのである。ちなみに、史料9を参照すると、長崎において、綿は大坂で購入した約

四倍近くで売れたことが示されている。

もう一つは、薩芸交易をあげることができる。この薩芸交易とは、文久三年八月、薩摩藩は広島藩に対し、年八朱の利子を定めて一〇万両を貸与したのに対し、広島藩は薩摩藩に毎年米一万石を供出することを基調としたものである。交易場に御手洗港を設定し、明治三年(一八七〇)春まで続いた。[22]具体的な様子について、史料5を参照することにしよう。[23]

〔史料5〕

一運漕上ノ手続及契約

双方ノ物品ハ必ス御手洗港迄運輸シテ受渡ヲナスノ契約ナリ、薩州ヨリ回着ノ物品ハ生蠟・種油・錫等ナリ、蠟・錫ハ販路狭マキカ故歟、后ニハ天保銭幷西洋品・絹布類端物等数多回着セリ、芸州ヨリハ米穀・繰綿・銅鉄ノ類、就中主トシテ米穀ヲ輸出セリ、最初子年ハ依ルヘキモノナキヲ以テ輸出品ノ数判然セス、翌丑年分ハ輸出ノ米穀俵数凡三万三千余、鉄九千七百束余ナリト記憶セリ、又其翌寅年以後ニ係ル分ハ依ルヘキモノナク、是又員数判然セス、而シテ薩州ヨリ柿本浅太郎・鬼塚祐右衛門其他両三名ノモノ、交代御手洗港ニ勤番セリ、芸州ヨリハ当時同所金子十郎右衛門掛持宅へ勤番所ヲ構へ、船越寿左衛門ナル人時々出張シテ、諸般ノ駈引ハ都テ同人ノ専ラ担任セシ哉ニ考案ス

同史料によると、交易品について、広島藩からは、米穀・繰綿・銅鉄類を輸出することが示されている。とくに、繰綿が指摘されている点は注目できる。この繰綿の輸出量は、同史料からは明らかではないが、広島藩の船越衛が「薩州の商船が芸州の御手洗から、広島の産物綿其他の物品を積載して行った……」と証言しているように、[24]薩摩の商船は、堺・兵庫などの畿内だけでなく、薩芸交易においても、積極的に綿を購入

し、長崎へ転売していたのである。また、交易場である御手洗港には、御勤番所を設置し両藩から数人ずつ派遣して勤めることとなった。御手洗港とは、芸予諸島の一つ大崎下島の港町である。ここが交易場として設定された理由は、一般に「御手洗島ならば人の知るところも稀だから」と、地理上僻遠の地であったからである。[25] しかし、御手洗港は、近世初期から瀬戸内海航行の船の潮待ち・風待ち港として栄え、寛文六年（一六六六）に広島藩から町割が許可され、港町として急速に発展する。[26] 御手洗港は、近世前期の段階から瀬戸内海地域の重要な流通拠点であったのである。むしろ、この薩芸交易の実施によって、薩摩藩と広島藩の物資の流通の問題だけでなく、薩摩藩にとっては、大坂―薩摩―長崎間の足場を得ることとなり、結果、長崎港を介して外国への交易戦略も実現することになった。このように、蒸気船が綿を積載して長崎へ運ぶことで、利益を得ようとし、危険を承知で馬関海峡を渡ろうとしたのである。

2 「薩摩藩蒸気船砲撃一件」をめぐる動向

「薩摩藩蒸気船砲撃一件」は、当時の馬関海峡の緊張した状況が具体的に現れた事件として、各藩から注目されている。当時熊本藩主の弟であった長岡澄之助（細川護久）は、文久四年（一八六四）正月に島津三郎（久光）に対して書状を送り、「馬関発炮之義、誠以疎暴之義、御軍艦も破焼之由、実以御同情驚愕仕候……」と同情を寄せている。[27] 幕閣の中枢にいた松平春嶽も、文久四年に島津久光に対して「田浦長之攻撃ニ付、趣意承糺とか、罪を問ふとか、貴藩より凡三百人計りも長へ被遣候御届、一橋へ被差出候由致承知候、右御届写不苦候ハヽ、拝見いたし度御廻奉希候」[28] と、薩摩藩が詰問使を派遣するなどといった独自の行動が行われる事態を重く捉え、当時将軍後見職にあった一橋慶喜に対し届け出る内容を見たいので回してもらいたい旨を書状で送っている。[29]さらに、伊達伊予守は、書状の追伸で「於上関亦蒸気船ヲ焼ノ風声伝聞、多分虚説とハ存候得共、一応伺度候」と、信じがたい事実が風聞として伝わっているとして、事実関係の確認を行っている。

この一件について、幕府は薩摩藩に対して以下のように対応している。[30]

〔史料6〕

松平修理大夫江

過日其方家来共乗組居候軍艦江、長州ヨリ発砲ニ及ヒ候ニ付、使者差立詰問致度趣ニ候得共、右ハ追テ御所置可有之義ニ付、使者差立之儀ハ見合、軽挙之義等無之様、家来末々迄可被申付候事

正月十五日

幕府自体が、この一件に乗り出すとし、一藩のみで行動を起こすことを強く戒めている。

一方、当の薩摩藩は、事件直後から正確な事実を知るために情報収集に努めている。一方、土持平八は小倉に詰めていた。事件の翌日二十五日の朝聞き付け、二十七日まで撃沈された現場である田之浦で情報の収集を行っている。[31]また、市来正右衛門は、薩芸交易に関する使節として、広島に行くため、十一月二十五日鹿児島を出発し、長崎に立ち寄っていた。それが、十二月晦日に、この事件を聞いたため、急遽小倉に向かい、すでに情報収集を行っていた土持と合流し、現況を把握するとともに、正月三日には市来は土持をはじめ従者を従え、馬関の現場に入り、薩摩定問屋三浦源蔵の旅店で長州藩の高杉晋作・金子蔀・粟屋益太郎などと会談を行っている。[32]馬関での会談では、先の史料3でも触れたが、「市来何某馬関へ罷越、別紙之通申

出候付、弥薩船ニ無相違段相分リ候付」と、砲撃の対象が異国船ではなく薩摩藩蒸気船であることを明確にしたのである。その後、十一日に厳島に到着したのである。

厳島では、先年の広島藩から薩摩藩へ行ったことに対する返礼が本来の目的であったが、それ以上に「重大なる使命を帯る所なれとも」と、蒸気船の撃沈の報告が重要な問題になっている。(33) そして、「直に小倉に至り精査の結果は、又速に之れを在京の老公島津大隅守なりに報告せさるを得す、因て今や上京の途次貴藩海上を通過するを以て敢て当所に来り会見を求る所なり」と、薩芸交易の詳細を取り決めるというよりも、薩摩藩の蒸気船の砲撃の情報伝達の方が重要であったのである。

この一件について、「道島正亮家記」を参照すると、(34) 正月三日にこの蒸気船砲撃一件の様子を書き記している。溺死者については、「宇宿彦右衛門初メ大方死亡……」と、不正確な点はあるものの、ほぼ一〇日程度で事実関係は伝えられている。その後、正月中旬まではそれぞれの報告が到着し、薩摩藩内でも周知されたのである。

薩摩藩家老である喜入摂津守高久のもとには、正月元旦に連絡がなされている。(35) 三日には、喜入摂津から小松帯刀と川上式部に対し書状が送られているが、「釜屋より火起り焼失いたし、苦々敷次第御座候、御船ハ兎も角も、宇宿通唱彦右衛門始弐拾七人致溺死候半不相分由……御船焼失を見届、勝吐気を作り引取候由相聞得、無礼之挙動甚以不心得義ニ御座候……」と、この段階では、長州藩の行動に対し疑心を抱いていることがわかるだろう。それが九日付の書状には、同じ喜入摂津から小松帯刀に対して、「何分長藩之事故、如何様自暴中募リ候儀共有之候得ハ、又シテ害ヲ生シ候媒ト存候ニ付……御船自焼之次第日記迄モ持参差出申候、格別相替儀モ無之候、先ツ長人ノ心底大概相分リ、先ハ致安心候……」(36) と、今回の事件が、長州藩としては他意がないことが判明しつつあったことがわかる。この間、一週間も経たないわけだが、事件に対して続々と情報が入ってきている様子がわかるだろう。

正月七・八日ごろに長州藩側から薩摩藩側へ対して送られた書翰を参照しても、「急襲ト心得及砲撃候、彼地出張ノ者ヨリ遂注進候、然処取々ト風説ノ通無相違候ハヽ、甚以難御済次第ニ候」と、薩摩船を砲撃したことが未確認であるとして、(37) 異国船と誤解して砲撃が行われたことを指摘している。これに対し、薩摩藩側は、一応事態を穏便にすませようとしている。すなわち、「修覆如例日本旗章等相立、兵庫ヨリ長崎へ廻船ノ処、前々御掛合ノ通其御方御台場ヨリ砲発甚敷、前々懸念有之不得止事……釜屋ノ内ヨリ火差起及焼失候様乗組ノ者ヨリ申越候、右ニ付テハ砲発等ノ形行異外ノ至……」(38) と、以前より馬関海峡付近は、台場からの砲撃があることから、危険地帯であることを承知の上で航行したことと、焼失の理由が砲撃によるのではなく、釜屋からの火事であったということ、の二つの点を指摘し、薩長の間では、事態を収束させようとしたのである。

3　薩摩藩商船の焼失事件

薩芸交易は、単に薩摩―芸州間の交易だけでなく、長崎市場を媒介とした世界市場への参入をも目論んだ薩摩藩の貿易戦略の一環として位置付けられるものであった。こうして考えると、蒸気船の長崎への航行目的は単に長崎への寄港を目的とするのではなく、当時外国貿易品としてうまみのある綿の輸出を目論んでいたといっていいだろう。南西諸島を対象にこれまで薩摩藩の海商として積極的に貿易にかかわっていた浜崎太平次が、この蒸気船に同船していたことからも明らかである。

一方、先の砲撃が、薩摩藩蒸気船を異国船と誤ってのものだったことが明らかになると、長州藩は各藩からの批判の的になった。こうした情勢に対し、文久四年(一八六四)正月十二日薩摩藩商船に対し、「綿船焼失一件」が起こる。その概要を史料7を参照しながら明らかにしてみよう。(39)

〔史料7〕

(端裏朱書)
「甲子二月十二日
　　　　　　　　　　土持長州聞合」

防州別府浦ニおひて綿積船焼捨、才領人致殺害候風説等有之、先達而右為聞合、別府最寄室積江罷渡承合申候処、外ニも三艘同様之始抹有之形ニ候様□□諸浦江流込、乍然突留証拠も無之、事実分明不致候付、是非実地ニ踏入、存分致探索含ニ而一先彼地之動静旁相伺候処、諸浦殊ニ浪士共出張、就中士分之者他所より致上陸候ば則見疑を掛、是迄段々麁暴之致挙動候儀共多々有之、然折柄そ忽ニ手を付候ば、故障付廉も可有之哉致猶予、一旦曳取、此表諸国船問屋或は商船共江相計、段々品を替手を尽承合候処、防州別府加徳丸船頭松右衛門御雇入相成、綿千百本兵庫ニおひて積入、久見崎船頭大谷仲之進上乗ニて、長崎江致廻船賦ニ而去十二月廿八日兵庫より致出帆、先月十二日別府江致入碇、刻限旁不相分候得共、同夜何方者共不相分浪士共五六人列ニ而、鉄棒携本船江乗付、直様船之看板江揚、最初船頭松右衛門召呼、才領人罷居候哉否相尋、寝入候段相答、用事有之是等江可参旨申聞、其通仲之進儀不計も看板江出張たる処、其節之申分、何様いたし候哉、不相分候得共、両三人ニ而鉄棒を以無体ニ散々致打擲、苦痛之声相立候物音ニ驚、船中共俄ニ騒立候場合、一両人看板より下り、水手共は可助置候付、銘々自物等取卸候様申聞候得共、仰天之余取ものも不取得逃去、海面江飛入游渡候者も有之致分散、然間右仲之進首播落、在合之箱江相包持卸、死体海中江突流し、且又船頭松右衛門召捌、一通之致折檻叱放、左候而碇綱等薙払、釜屋之燃木取出し、積荷之綿江致差火焼払、然折同所浦人共船出火と見受、段々駆付候者も有之たる形ニ候得共、右浪人共異暴之仕業致恐怖、夫形見捨置候半、外ニ其場立障候者も無之、然処無間も浪士共早船江乗移、同夜致出帆、其後行方不相分、右之形行大庄屋より役筋江遂披露候処、人相書を以段々評議有之、右浪士共語音旁聞合相成、所之者共より申出候は萩家中幷肥後、又は上方風之言葉も有之、諸国より之取集者共ニ而は無之哉、不審相掛候との風説等有之、併一体暴論ニ募候国柄ニ而、前件人相書等を以所僉儀有之とは、諸国響合之為申触候歟も難計、右等之次第弥其筋実正共難見請様御座候

（中略）

土持平八

子二月十二日

大久保一蔵殿

同史料を参照すると、おおよそ事件の様子がわかるだろう。大谷仲之進を上乗りとして綿一一〇〇本を兵庫で積載した加徳丸は、十二月二十八日長崎に向けて出航した。翌年正月十二日には、別府浦で入碇をしたところ、その夜、突然浪士五、六人が鉄棒を携帯し、船に乗りつけたのである。そして、船を差配する大谷仲之進を呼び込み、二、三人で打擲した。この大谷への暴行・騒ぎに気付いた水主《かこ》たちは驚くものの、大谷を救出するよりも、自分の保全を先に考え、海へ飛び込み、逃亡するありさまであった。そして、大谷自身はこの打擲によって、綿を外国へ輸出するために、長崎へ廻漕していることを明らかにし、斬殺されたのである。大谷の死骸は、首のみを箱に収納・保管し、死体は海中に投げ捨てられた。また、船頭の松右衛門は、

一通りの折檻を受けたのちに解放されている。
その後、碇泊していた綱を切断し、積荷であった綿に火をかけ焼き払う。浦の人々が、船から出火したことに気付き駈け付けたものの、浪人たちの振るまいに恐れ、近寄ることができず、見守るだけであった。そうこうしているうちに、浪人たちは、早船に乗り移り、去っていった。浪人は、萩・肥後・上方の訛があり、具体的には特定できなかったようである。これが蒸気船砲撃一件後に起きた薩摩藩商船の焼失一件（「綿船焼失一件」）である。

このように、薩摩藩による綿の積載船に対し、外国への輸出品であると特定し、攘夷派の浪人は、厳しい対応をとった。こうしたことは、薩摩藩の貿易戦略にとって二つの重要な意味を与えることになる。

一つは、攘夷派による具体的な恫喝に対し、商船自体の運航に船頭が尻込みし、輸送活動に支障を与えることになった点である。商船航行への影響について、史料8を参照してみよう。(40)

〔史料8〕

綿積船堺之順通丸佐兵衛事いまた兵庫江罷在候処、中国海路評判承長崎行断申出候由、右之船頭咄ニ、堺廻船宝徳丸此方わた七百本積入居候処、下の関辺ニ留船ニ相成候噂承候迚、浜崎手先之者江申遣候由御座候、尤綿五千本・茶弐千表ほど当分兵庫江囲置候段も浜崎手先申出、唯今ニてはとふも手相付不申候間、蒸気船ニても御遣可相成や、是迚も六返位ハ往来いたし不申候てハ、長崎江積届候儀不相叶、三嶋分わたも千本余御座候処、誠ニ笑止之事ニ御座候、御勘考可被成下候、且又此節之一件於当所色々悪評いたし、さつまニハ矢張長崎交易いたし、長州ニハ右様之事無之、いつれ長州之趣意宜由評判ニ御座候由、いつぞや御咄申上候通、春嶽公御不評判御成被遊とも、長崎交易ヲ第一疵ニ申上候由御座候処、又此御方様ニ引掛り候も誠ニ残念千万御座候、兎角世上の口ニ手ハかふせられ不申候間、もだし居候外無御座候、長州浪士とも乞食体ニやつれ居候由御座候間、ケ様な風聞をいたし、此御方様ヲけかし奉らむ為、わた積船焼方取企候儀とも可有之候

（中略）

正月廿五日　　木場伝内

大久保一蔵様

参人々御中

同史料を参照すると、①薩摩藩の海商である浜崎太平次が綿商いに積極的に関与していること、②この段階で、焼失した加徳丸以外にも、綿七〇〇本を積載した宝徳丸も下関で留められているという噂があるということ、③兵庫には、綿五〇〇〇本、茶二〇〇〇俵が買い占められており、それを長崎へ積み届けるには六回程度往復する必要があること、の三つの点が明らかになる。そして、この長崎貿易は、薩摩藩にとって汚点となること、こうしたことが綿船焼失一件に結び付いたことを指摘している。こうして、薩摩藩の交易戦略に支障を招いたのである。

そしてもう一つは、上方における攘夷派に影響を与えたということであった。史料9を参照してみよう。(41)

〔史料9〕

二月初、鹿児島下町商売浜崎多（太）平次ナル者所有ノ船、大坂ヨリ帰国ノ途次、長崎ニ寄航セント防州別府港ニ碇泊セシニ、同時警衛兵数名刀槍ヲ携ヘ乗入リ、船頭大谷仲之進ヲ捕縛シ、木綿許多搭載セシヲ外国貿易ノ為ナラント認メ、大谷ナルモノ及ヒ水主二名ヲ斬殺シ、船ハ焼燼シタリ、此船凡千石積位ニシ

テ、浜崎カ自己商用ノ船ナリ、当時外国人日本産ノ草綿ヲ買フコト多ク、従テ高直（大坂時価百斤価四・五両内外ナルヲ、凡十七八両内外ニ販売スト）、茲ヲ以テ商売争テ売買セリ、浜崎ナルモノモ大坂ニ於テ数万斤ヲ購求シ、長崎ニ廻漕セントス、然ルニ長州ニハ、薩州ガ外人ト綿商法ナスト誤聞シ、彼ハ諸浪士ヲ馬関其他各港（長防二国各港ヲ云フ）ニ屯集シ、攘夷或ハ本藩ヲ敵視スル際ナルガ故、斯ノ如ク暴業ヲナシタル者ナリ、後其暴業者ノ巨魁永井精一郎・山本誠一郎ノ二名ハ、大坂東本願寺門前ニ大谷ナル者ノ首ヲ梟シ、斬殺シタル始末ヲ掲示シ、屠腹シ死シタリ「(朱書)（永井・山本ノ私意ニ出タル所為ナリトテ、彼ノ藩庁ヨリ譴責セラレ、遂ニ脱走シテ後大坂ニ出テタリト云）」

史料9を参照すると、①綿商船は、鹿児島城下町商人浜崎太平次の所有船であること（土持の報告史料7では、雇船とあり報告内容が異なる）、②船頭（史料中に「船頭」とあるので引用したが、正式には船を差配するために同乗する上乗り。ちなみに船頭は松右衛門）大谷仲之進を捕縛し、積荷は外国輸出品として積載した草綿（＝木綿《きわた》）であることを、大谷自身が認めたということ、③当時、一〇〇斤相当の木綿の価格は大坂では四、五両であったのに対し、長崎へ運ぶと四倍以上の十七、八両で売れるということ、④綿が外国貿易によって利益になると見込んだ浜崎は、数万斤購入したこと、の四点を指摘している。そして、これら四点を踏まえつつ、長州はこれらについて薩摩藩が外国人と綿取引をめぐり契約を取り交わしたと推定したのである。

こうした薩摩藩による外国貿易について、上方において攘夷派から薩摩藩の行為に対する反発が強まった(42)。史料10・史料11を参照してみよう(43)。

〔史料10〕

（前略）

一薩藩ノ因循開港ノ建言有之由、且綿花抔多分貿易致候由、綿花火攻戦争ノ楯ニ相用候品、敵国ニ兵器ヲ与ルノ利ニテ、尊攘ノ説ヲ主張之三藩第一ト被称候薩、此度ニ至リ反復ノ取計有始無終事ナランヤ

（中略）

元治元子年二月　　有志中

〔史料11〕

（前略）

一右大谷何某首級ハ、薩藩共風説有之、正月十二日頃防州沖渡海ノ節被生捕、交易筋ノ義白状イタシ候トモ雑説有之、建札ニ書記シ候通彼地ニテ打取、石灰漬ニイタシ京都迄モ持登リ、梟首可致心組ノ処其儀不果、遂ニ大坂ニテ取行自殺致候抔、不取留説粉々ニ有之候事

一長州兵卒組内ノ商人某、病気治療中立、三月上旬上京、或問屋へ注文出シ即日帰帆、其者ノ密話ニ云、去亥九月已来、長府探索掛リ一組三人宛四組、兵庫・堺・京・摂ノ間ニ潜伏、種々探索候処、薩州ヨリ堺表ニテ綿・油・木綿夥敷買込、長崎へ積送候荷物、薩藩大谷仲之進ト申者棟梁ニテ、其下役共四十人計リ周旋、無程出帆ノ趣長府へ申達シ候ニ付、其手配ニテ待居候処、案ノ如ク其船長州別府浦ニ泊リ候故、改役人罷越、異船ト見掛候間、国柄荷物等改ノ上、通行ヲ可許ト申乗入候処、日本人計リニテ、先ツ重立候船頭ヲ番所江小船ニテ召連帰リ、言次ニ大谷仲之進ヲモ同様ニ迎入及糺問候処、外夷交易ノ為長崎へ積下シ候旨、逐一及白状候ニ付、兼テ探索方ヨリ内達ノ書取ト符合イタシ候ニ付、大谷并船頭共首ヲ刎、其節蒸気船釜元江火薬ヲ仕込置候故、一時計ヲ経テ焼出シ、人々防候得共、綿・油等ニ火移リ難消留、遂ニ船ハ焼沈、乗組六十八人ノ内廿八人死亡、残四十人計上陸致候ヨシ、扨右

重立周旋イタシ候長藩永井精一・山本誠一郎両人ハ、右船頭ノ首ハ取捨、大谷ノ首計ヲ石灰漬ニイタシ携登リ、子ノ二月廿六日早朝、大坂南御堂前馬繋キ掛、張札出シ、全ハ自分等中国浪士ト称シ、右之所業両人江引受、潔能相果候趣也、右両士誠ニ　皇国ノ御為主君ノ為ニ身命ヲ果スハ、正義忠勇皆感賞ス

一三月廿日肥後熊本ヨリ帰京ノ者ノ話ニハ、右薩藩船ヲ長藩ヨリ焼シハ子二月二日也、熊本ニテ風聞ハ、長州ヨリ発砲シテ焼打ニイタシ候由、然レトモ薩藩上陸イタシ候者共ハ、船中自火ニテ焼亡セシ由ヲ国元江申遣シ候趣、表立長州ヨリ焼打ト申儀ハ難相成、右上陸ノ者モ帰国不相成、豊前小倉ニ滞留ノ由、且又長藩両士大坂ニ差違ヒ死タルニテハ無之、両人共辞世ノ歌ヲ紙ニ認、各立派ニ切腹致候儀無相違ヨシ

一泉州堺ニテ風聞ハ、薩州ヨリ交易ノ品買集候ハ、右之趣ニ相聞候

綿五十万斤　壱斤目方二百目也　油十六万樽

木綿五十万端

史料10は、元治元年（一八六四）二月、三条大橋に張紙が貼られたものであり、史料11は、二月二十六日に大坂南御坊に大谷仲之進の首がさらされたときの張札の一部である。

史料10を参照すると、尊王攘夷を主張している三藩のうちの一つである薩摩藩が、実は外国貿易にかかわっていることを、上方において露呈したものであり、史料11も外国貿易を目的として綿・木綿・油などを買い集めていたことを指弾したものである。上方の攘夷派の浪人や諸藩には大きな影響を与えた。さらに、同史料中で注目を引くのは、「一時計ヲ経テ焼出シ、人々防候得共、綿・油等ニ火移リ難消留、遂ニ船ハ焼沈、

乗組六十八人ノ内廿八人死亡、残四十人計上陸致候ヨシ」という箇所であろう。同箇所は、事実としては、十二月二十四日の「薩摩藩蒸気船砲撃一件」のことである。大谷を殺害した正月十二日の「綿船焼失一件」の内容を叙述したものではない。つまり、十二月二十四日の「薩摩藩蒸気船砲撃一件」における長州藩の砲撃に対する各所からの批判をそらすために、張札が書かれたものと考えられるのである。大谷を殺害した首謀者とされた長州藩の永井精一・山本誠一郎の両人は、切腹して果てたことで責任の所在を不明なものとし、その上で「薩摩藩蒸気船砲撃一件」の砲撃への世間の批判の目を、攘夷論の中ですり替えて逃れようとした。

しかも、史料7で土持が証言しているように、この「綿船焼失一件」に際しては、「是非実地ニ踏入、存分致探索含ニ而一先彼地之動静旁相伺候処、諸浦殊ニ浪士共出張、就中士分之者他所より致上陸候ば則見疑を掛、是迄段々麁暴之致挙動候儀共多々有之」と、海岸部における監視が厳しく、実地への探索が困難であることを示している。前回の一件とは異なり、大谷の斬殺と商船の焼失が行われた後は、情報の流失を防ぐために、強力な厳戒態勢が敷かれていたのである。

実際、この大谷の殺害と「綿船焼失一件」によって、薩摩藩は攘夷派の批判にさらされた。大島の西郷吉之助は、大久保一蔵に対して「異人交易一条ニ付而ハ、色々悪評共有之候得共、委敷ハ不申上越候間、御察可被下候、只今外ニ何も御評判申上事も無之候得共、交易一条而已悪評申触候事ニ御座候間、暫御取締向有御座度儀と奉存候」[44]と、外国貿易が悪評であるとして、しばらくのあいだ控えることを提案している。

さらに、外国貿易の遠因に薩芸交易があり、綿を積載していることを指摘することで[45]、長州藩の浪士は、御手洗港に来て、同地を焼き払うと恫喝している[46]。薩芸交易に対する批判が強まるなか、広島藩は三田尻に出向し、自藩の立場を説明している。史料12を参照してみよう[47]。

〔史料12〕

（前略）薩藩との貿易は只両藩限りの事にして外国と通商する所にあらす、然れとも薩藩の之れを外人へ転売するや否は知るへからす、果して此事ありとするとも、我藩の知る所にあらす約り我藩は薩藩と有無相通するに過きさるなり（後略）

史料12のように、広島藩にとっての薩芸交易の意図は、外国貿易を目的としていないことを明らかにし、薩摩藩の行動は、広島藩には関係ないことを明示している。それによって薩芸交易は維持しつつも、長州藩をはじめとした攘夷派の行動に対して牽制したのである。

おわりに

以上、文久三年（一八六三）十二月二十四日に起きた、「薩摩藩蒸気船砲撃一件」と、翌月の正月十二日に起きた、「綿船焼失一件」の二つの事件について、薩摩・長州両藩の動向を中心に、その内容と背景、そしてその事件の収束に向けた対応について述べてきた。

本章は、『鹿児島県史料』（『玉里島津家資料』『忠義公史料』）を中心としたもので、薩摩藩の叙述（立場）から論じたものであった。よって、長州藩側の立場から議論されてきたものとは言いがたいところがあろう。この一件について、『防長回天史』を参照すると、以下のように記載されている。(48)

〔史料13〕

奇兵隊二百五十名代りて再び関地の警衛に任じ、十二月二十四日を以て前田壇ノ浦の砲台に入る、同日日暮長府砲台警砲を放つ、馬関諸砲台皆戒厳す、夜に入り汽船一隻東方より来り進む、前田砲台之れを砲撃す、船退きて豊前白之江村青浜に至る、火船中より起り暁に至て終に沈没す、翌二十五日馬関総奉行志道安房・八谷藤太をして之れを山口に報ぜしむ、藩政府報を得て、之れを朝幕に稟す、同夜長府の士軽舸を出して汽船の跡を追ひ、其状況を探りしに外国船にあらずして薩州船なりしが如し報山口に達す、藩政府乃ち堀真五郎を対岸の地に遣り、就て探聞せしむ、果して然り此船実は長崎製鉄所の有にして当時薩藩之れを幕府に借り綿料運搬の用に供し、大坂を発し将に長崎に赴かんとするの途次此海峡を過ぎしものなりと云ふ是に於て藩政府は大に善後の策を講じ、薩藩の詰問を待ちて之れを謝せんか、或は我より先づ過誤の事由を陳べて之を謝せんか、議未だ決せざるに、長府侯書を公に上りて怨を薩藩に結ぶの得策ならざるを説き進みて之れを謝すべきを論ず（後略）

つまり長州藩としては、本来の砲撃の対象は外国船であり、薩摩藩の蒸気船を目標としていたわけではなかった。よって長州藩は、この誤った砲撃に対して非を認めており、薩摩藩へいかなる謝罪の方法をとるべきかを相談している。また、砲撃の対象となった蒸気船は、国産品である綿を外国へ輸出することを目的に長崎へ向かっていたことを指摘していることは興味深い。

この事件の結末は、長州戦争などにより対応が遅れ、慶応元年（一八六五）に、代替えの船を出すことで解決を図っている。しかし、この解決案に対しては、薩摩藩内では少なからず反発が起きている。[49] 最後に、これらの二つの事件を通じて明らかになる点をあげておこう。

冒頭で引用した『薩藩海軍史』では、長州藩の薩摩藩蒸気船への砲撃は、八月十八日の政変などの一連の事件に対する薩摩藩への私怨が原因であると指摘している。しかし、実際のところは、異国船と見なして誤射が行われたとみた方がよいだろう。幕府による攘夷糺問使として派遣された朝陽丸が砲撃を受けるという

同様な事件が起きている。(50)

確かに薩摩藩内において、この事件を私怨による砲撃と見る向きも少なからずあった。長州藩では益田右衛門介を謝罪の使者として鹿児島に派遣したときも、鹿児島城下で会見するのは危険であるとし、阿久根で会見している。(51)

こうした緊張関係のなか、事件が穏便にすまされるきっかけとなった重要な点として、薩摩藩側が情報を「適切」に把握していたことが、大きな理由としてあげられよう。喜入摂津は、この事件を最初に聞いた段階では「苦々敷次第御座候」「勝吐気を作り引取候由相聞得、無礼之挙動甚以不心得義ニ御座候……」と、長州藩の砲撃意図が外国船を目的としていたこと(誤射であったということ)、そして、沈没の直接原因が自火による焼失であるという情報を受け取るなか、感情をあらわにして長州藩への反発を強めているのに、一週間も経たないうちに、「長人ノ心底大概相分リ、先ハ致安心候……」と、事態に対し落着きを見せている。薩摩藩と一戦を交えることを意図して砲撃したのか、それとも誤射だったのかという違いは薩摩藩にとっても対応のあり方を探る上で重要であったのである。さらに、先にも示した通り、沈没の原因が自火によるか、砲撃によるかも必ずしも明らかではない。しかし、現実には薩摩藩では自火であるということで認識されていたのである。この点も注目できる点であろう。この「薩摩藩蒸気船砲撃一件」について、最も重要な立場で、薩摩藩に情報を伝達していた市来正右衛門は、明治二十六年(一八九三)に、この事件について触れ、「焼ケマシタノハ、自火デ焼ケマシタト云ノ説デアリマスガ」という問掛けに対し、以下のように回顧し答えている。(52)

〔史料14〕

市来君　焼丸ヲ撃ツタ撃タヌデ、今日ノ如キ破裂弾ハ火カ移ルトイフコトハゴザリマセヌカラ、其説ヲ立テタハ実ハ私闘ヲ開カヌ積リデ、綿ニ火ガ伝ヘ遷タトイフコトニナツテ居ル、焼玉デナケレバ火ハ着カナイモノニナツテ居ル、サウイフ所カラ兵隊ノ激昂ヲ柔ゲタ（後略）

つまり、当時の薩摩藩の認識としては、蒸気船の沈没の原因について、綿に火が引火して、それが火事になったということであった。それによって、蒸気船の沈没に事故としての性格を持たせ、薩摩藩全体の長州藩への反発を弱めたのである。しかし、市来の回顧によれば、それは本当ではなかった。実際の沈没の原因は、自火ではなかったのである。つまり、「薩摩藩蒸気船砲撃一件」は長州藩による誤射であるとしても、沈没の原因である焼失は砲撃によるものであったのである。しかし市来は、薩摩藩に対しこの重要な事実を事実どおりには伝えず、当時の国内情勢にかんがみ、藩同士の私闘を回避することを意図し、自火ということで情報を伝達したのである。このように、単に事実を伝えるのではなく、情報を操作し、「適切」な情報を送っていたということは注目できる。このことにより、情報を「適切」に把握した、市来の薩摩藩における重要な位置を確認することができるのである。

こうして、政治的決着が図られるなか、それとは裏腹に長州藩内部では、薩摩藩蒸気船への誤射という不利な状況を打開すべく、一部で行われたのが、「綿船焼失一件」であった。この一件では、外国貿易品として、当時多大な利益を生む綿を積載し、長崎へ運ぼうとしていた加徳丸の上乗りである大谷を斬殺し、それを大坂南御坊にさらすことで、攘夷派の薩摩藩への反発の世論を喚起し、さらには蒸気船を砲撃したことに対しても一定の正当性を得ようとしたのである。実際、この一件によって、薩摩藩が外国貿易に積極的であるという事実が露呈し、批判を受けることになる。さらに、薩芸交易においても、綿を積載していたことから、批判の対象となったのである。広島藩は三田尻に出向し、外国貿易に参加していないことを明示し、藩の立場を明確にしている。また、長州藩の一部では、攘夷論を楯に、砲撃の正当性を主張したのである。

こうした一部の動きが、長州・薩摩両藩の溝を深めることになったのも確かであろう。一時、薩摩・長州両藩は歩み寄りをみせていた。しかし、正月二十九日、長州藩は砲撃を行ったという事実を幕府老中、井上正直に対し正式に認め、[53]薩摩藩としても、二月上旬には詰問使の派遣が計画されたのである。これについては、「幕府百方之ヲ慰喩シ、朝・幕ニ於テ処分スル所アルヘシ、姑ク忍耐シ、命令ノ下ルヲ俟ツヘキ旨ヲ以テス」[54]と、事件の決着を幕府・朝廷といった公儀に託すべきであるとし、藩同士の結論（私戦）に委ねることに対し、公儀からの阻止が図られたのである。

最後に二つの点を展望しておきたい。一つは、薩芸交易の意味する点である。薩芸交易は、藩際貿易の一つとして位置付けられるが、[55]薩摩藩はそれを発展させ、長崎からの海外輸出をも含み込むことで、世界市場をも展望した貿易戦略としたのであった。御手洗港は、「御手洗島ならば人の知るところも稀だから」と、地理上僻遠の地であることが交易場として設定された理由とされるが、幕末の政局の激しい展開のなか、それだけではなく、実は情報拠点としての性格をも有していたのである。すなわち、御手洗港は、長州藩に隣接し、上方—九州間の大動脈の中心地であるといった面で格好な場所であった。実際、土持などにより小倉や広島から各藩の情勢を記した報告書が送られてきているように情報拠点としても機能している。[56]

もう一つ『薩藩海軍史』の叙述について触れておきたい。『薩藩海軍史』について、『国史大辞典』を参照すると、[57]「公爵島津家編輯所が海軍中将東郷吉太郎に委嘱して編集し……島津家所蔵の基礎資料や鹿児島藩出身古老および旧幕臣らの見聞談を博捜して精確を期した、きわめて信頼性の高い『海事史』である……本書はまさに日本海事史、明治維新史の観がある」とまとめられている。その同書において、本事件を重視し、詳細に扱っているのはどういう意味があるのだろうか。ちなみに、翌月に行われた「綿船焼失一件」は、士分の死去はなかったにせよ、上乗りが斬殺されたという惨事であるにもかかわらず、同書における記載は[58]、「同年二月十二日（二月は正月の誤り）、薩商大谷仲之進、綿花菜油を船載し、堺より来りて周防別府浦に泊す。奇兵隊士永井精一、山本誠一郎、高橋利兵衛、其交易品たるを知り之れを焼き、仲之進を斬る。山本は二月廿六日大坂御室前に、高橋は三月十一日室積日和山に於て自殺す」という記載のみで短い。つまりこれは、薩摩藩蒸気船が馬関海峡を横断しようとする理由は、綿を積載して、長崎への送荷—輸出を目的としたとする攘夷派からの批判が根強く残されたものと考えられるのである。その批判に対し、長州藩による私怨という点を強調し、薩摩藩の海事事業一般を正当化しようとしたものと考えられる。その意味で『薩藩海軍史』は、多くの史料を引用した古典的労作であるが、同書に対し史料批判をも行う必要があるといえるのである。

註

（1）「乍恐以書附奉申上候（江戸入津米潤沢の方策について）」（首都大学東京図書館情報センター所蔵「水野家文書」）。なお、同史料については、拙稿「幕末期商品流通の展開と関東市場」（『関東近世史研究』第四一号、一九九七年）参照のこと。

（2）『薩藩海軍史』は、東郷吉太郎に委嘱して、昭和三年から四年（一九二八～二九）にかけて編纂されたものである。その後「明治百年史叢書」として、原書房から上・中・下（いずれも一九六八年）の三巻で再刊されている。ちなみに、第十五章の「馬関海峡に於ける長崎丸砲撃事件」は、中巻の第五編「忠義公時代」の箇所に収録されている。

（3）「長州砲台より薩藩借用船長崎丸を砲撃す」（『薩藩海軍史』一九六八年）。

(4) 久住真也氏は「長州戦争期の政治運動と『公論』」（『日本史研究』四四三、一九九九年）において、「公論」をめぐる政治運動から、各藩の動向を解明されている。

(5) 文久三年（一八六三）十二月「[葛城彦一報告]」（『忠義公史料三』一三三）。なお、以下、史料引用中同内容のものについては、年代・史料名のみとし、出典は省略する。また引用文献は、とくに註記のない限り、すべて『鹿児島県史料』に収録されている。

(6) 文久四年（一八六四）正月「道嶋正亮紀事抄（汽船焼亡事件長藩書翰ニ対シ返書）」（『忠義公史料三』一七四）。

(7) 文久三年十二月「[土持平八報告]」（『忠義公史料三』一四九）。

(8) 「浜崎太平次と島津斉彬」（『指宿市誌』一九五八年）。なお、浜崎家の最盛期といわれるのが、八代目であり、三島（大島・徳之島・鬼界島）・琉球の砂糖を、鹿児島・大坂まで廻漕する事業を始め、造船・運輸・貿易などを行ったといわれる。この八代目浜崎太平次が死去したのが、文久三年六月といわれており、同船していたのは、九代目であったと考えられる。

(9) 文久三年十二月の「[葛城彦一報告]」では、小倉領内田之浦に碇泊中であるとされており、また「[土持平八報告]」では、小倉領白之江村青浜沖に碇泊中であるとされている。この点についての事実関係は、はっきりしない。本章では、「初発田之浦江乗向候節空炮打出し、湊近く乗入候処、下之関・檀（壇）之浦等之台場より実丸数発打懸候付、懸念之処より、小倉領青浜沖へ碇泊候処、無間も火発……」という史料を参考にしている（「喜入摂津ヨリ小松帯刀川上式部へ（綿商焼失一件）」文久四年正月『玉里島津家資料3』八五七）。ちなみに、文政三年（一八二〇）十二月「筑前黒崎宿庄屋古海次兵衛聞書（綿船焼失事件ト彦山問題）」（『玉里島津家資料2』八一八）も同内容である。

(10) 文久四年正月「馬関ニ於テ汽船焼亡ニ就キ肥後国大麻丸船頭ヨリ言上書」（『忠義公史料三』一五五）。

(11) 文久三年十二月「[土持平八報告]」。

(12) 文久三年十二月「[葛城彦一報告]」。

(13) 文久三年十二月「[土持平八報告]」。

(14) 元治元年（一八六四）「市来正右衛門届書」（『忠義公史料三』一九五）。
(15) 文久三年十二月「［葛城彦一報告］」。
(16) 文久三年十二月「［葛城彦一報告］」。
(17) 元治元年正月「馬関ニ於テ汽船焼亡ニ就キ長州藩ヨリ届書」（『忠義公史料三』一五四）。
(18) 元治元年正月「汽船焼亡ニ付前田孫右衛門照会書」（『忠義公史料三』一九三）。
(19) 元治元年五月三日「土持平八ノ報告書（綿船一件溺死者一人埋葬ノ件）」（『玉里島津家資料3』一〇二九）。
(20) 元治元年「長州人浜崎カ綿積船ヲ焼ク」（『忠義公史料三』二〇九）。
(21) 山崎隆三「幕末維新期の経済変動」（『岩波講座 日本歴史13』一九七七年）。
(22) 薩芸交易の実態については、西村晃「幕末における広島藩と薩摩藩の交易について」（『広島市公文書館紀要』九、一九八六年）に詳しい。同「幕末の政治・社会情勢」（『広島県史　近世2』一九八四年）にも藩財政との関わりから指摘がなされている。また、薩芸交易について記されている「石室秘稿」の内容は、『豊町史　資料編』（一九九三年）で活字として見ることができる。
(23) 「芸藩交易ノ顚末」（『忠義公史料二』六三五）。
(24) 「長崎丸砲撃事件に関し男爵船越衛の講演」（『薩藩海軍史』一九六八年）。
(25) 「長崎丸砲撃事件に関し男爵船越衛の講演」（『薩藩海軍史』一九六八年）。
(26) 後藤陽一編『瀬戸内御手洗港の歴史』（豊町御手洗史編纂委員会、一九六二年）。
(27) 「長岡澄之助・良之助兄弟より島津三郎公へ（将軍上洛、下ノ関夷艦砲撃、薩州綿船一件等）」（『玉里島津家資料3』八六三）。
(28) 「松平春嶽ヨリ島津久光公へ」（『玉里島津家資料3』八七〇）。
(29) 「伊達伊予守より島津久光公へ（蒸気船焼撃ノ風聞）」（『玉里島津家資料3』九〇九）。
(30) 文久四年正月「汽船砲撃ニ就キ幕府達書」（『忠義公史料三』一八一）。

(31) 文久三年十二月「[葛城彦一報告]」。
(32) その様子については、元治元年「汽船焼亡ノ顚末問答ノ概要」(『忠義公史料三』一七〇)。
(33) 『芸藩志　廿九』(正月十一日の項)。
(34) 文久三年「汽船田之浦ニ於テ砲撃ノ為メ焼亡ノ説」(『忠義公史料二』六一六)。
(35) 文久四年正月「馬関ニ於テ蒸気船焼亡ノ概況喜入摂津報知書」(『忠義公史料三』一六一)。
(36) 文久四年正月「喜入摂津ヨリ在京小松帯刀へ報告(蒸気船焼亡ニ就テ)」(『忠義公史料三』一六九)。
(37) 文久四年正月「道嶋正亮紀事抄(汽船焼亡事件長藩書翰)」(『忠義公史料三』一七三)。
(38) 文久四年正月「道嶋正亮紀事抄(汽船焼亡事件長藩書翰ニ対シ返書)」(『忠義公史料三』一七四)。
(39) 「土持平八ヨリ大久保一蔵へノ報告(長崎貿易ニ付雇入船ノ件)」(『玉里島津家資料3』九二六)。
(40) 元治元年「綿商法ニ就キ注意」(『忠義公史料三』一九七)。
(41) 元治元年「長州人浜崎カ綿積船ヲ焼ク」(『忠義公史料三』二〇九)。
(42) 幕末における上方は、政局を知る上で重要な地点であったことから、各藩は上方の情報入手を精力的に行っていた。後藤重巳氏は幕末期における京都情報の収集の活発な様子を明らかにされている(「幕末期京都情報の流布をめぐって」『別府大学紀要』第三八号、一九九七年)。
(43) 史料10は、元治元年二月二十三日「三条大橋張札」(二四二)、史料11は、同年二月二十七日「薩商大谷仲之進梟首及ヒ捨札」(二四三)、いずれも『忠義公史料三』参照のこと。
(44) 元治元年六月「大島吉之助ヨリ大久保一蔵へ」(『玉里島津家資料3』一〇六四)。
(45) 実際、御手洗港で綿を積載しているという事実は、「薩州の商船が芸州の御手洗から、広島の産物綿其他の物品を積載して行った……」と述べられていることからも明らかであろう(「長崎丸砲撃事件に関し男爵船越衛の講演」『薩藩海軍史』一九六八年)。また、西村晃「幕末における広島藩と薩摩藩の交易について」(『広島市公文書館紀要』九)においても、交易品として木綿・綿花が指摘されている。

(46)『芸藩志　廿九』（正月十一日の項）を参照すると、この薩芸交易について、林半七という人物が、御手洗港においてこうしたことを言ったとされている。ちなみに、長州藩の返答では、かかる人物は、藩士としては存在しないことを指摘している。
(47)『芸藩志　廿九』（正月十一日の項）。
(48)『防長回天史　第四編　上』（一九一二年）。
(49)「藩主長崎丸の賠償猶予を幕府に請ふ並殉難者の招魂碑建立」（『薩藩海軍史』一九六八年）。
(50)「朝陽丸事件」（『下関市史　藩制―明治前期』一九六四年）。
(51)「汽船焼亡ノ顚末問答ノ概要」（『忠義公史料三』一七〇）。
(52)「文久三年癸亥十二月薩摩の汽船を下ノ関に於て撃沈めたる事実十七節」（『史談会速記録』第一五輯、史談会『史談会速記録　合本三』一九七一年）。
(53)文久四年正月二十四日「松平大膳大夫家来差出候書付（汽船砲撃ニ就テ）」（『忠義公史料三』二〇一）を参照すると、このとき初めて老中である井上正直に、この「薩摩藩蒸気船砲撃一件」について正式に届け出ている。
(54)元治元年「本藩汽船馬関ニ於テ砲撃セラレタルヲ詰問使ヲ派遣セントス」（『忠義公史料三』二〇八）。
(55)藩際貿易については、田中彰「幕末薩長交易の研究」（『史学雑誌』六九―三・四、一九六〇年）に詳しい。
(56)慶応元年（一八六五）「土持平八廣島ヨリ報告」（『忠義公史料三』六七〇）、「在廣島土持左平太探聞報告」（『同』七一三）、「在廣島土持佐平太防長事情探問報告」（『同』七一九）など。
(57)原口虎雄「薩藩海軍史」（『国史大辞典　第六巻』吉川弘文館、一九八五年）。
(58)「長崎丸事件に就き薩長の交渉並に変報に接したる鹿児島の情況」（『薩藩海軍史』一九六八年）。

●この事例のポイント●

最初に『薩藩海軍史』という本の性格についてである。『薩藩海軍史』は、昭和三年（一九二八）から翌四年（一九二九）

にかけて作成されたものである。薩摩藩と長州藩の二つの藩は同盟関係を結び、この二つの藩が協力し合って明治維新を生みだしたといわれている。そう思って同書を読むと、長州藩が行った薩摩藩蒸気船に対する砲撃への恨みは大きいことがわかるだろう。馬関海峡を「三途の川」と呼び、長州藩が行った薩摩藩への砲撃は、外国船砲撃を装った予定の行動としているのである。とても、戊辰戦争を戦った盟友とはいえないだろう。逆に、それだけ、この件についての叙述は思い入れがあるのだろう。戦前の歴史叙述は、どうしても、自己、地域、集団、国を正当化させようとする側面が強く出て、他者を不必要に悪く書き連ねることがある。そうはいっても、まったく嘘を書いているわけではない。この点は確認作業が求められるところである。

もう一つは、薩摩藩が蒸気船に積載していた物資は綿花であったということである。この綿花を積載していた理由は、なんと遠くアメリカで行われた南北戦争によって、世界的に綿花が不足したことによるのである。この綿花を販売して儲けようとし、薩摩藩は蒸気船で長崎まで輸送したのである。このとき、馬関海峡で長州藩による砲撃に遭遇する。この事件が起きたのは、文久三年（一八六三）のことであり、開国後わずか五年しか経過していない。それにもかかわらず、世界経済の渦中にどんどん入っているのである。ちなみに、南北戦争が終了したことで、余った武器が日本に流れて明治維新を早めたともいわれている。

このように薩摩藩が対外貿易に積極的だったのは、同藩の伝統なのかもしれない。何故なら、薩摩藩は琉球とのあいだで貿易を展開していたからだ。そもそも、薩摩藩内はシラス台地のため、土壌が悪く、米穀の育成は困難を極めていた。このため奄美諸島では砂糖黍（黒砂糖）生産を奨励し、大坂へ販売し、その利益で米を購入していた。そしてまた、琉球（南洋）との貿易を積極的に行ってきたのである。

地図を開いてみよう。鹿児島から奄美大島までの距離は、実は鹿児島から徳島までと同じで、さらに沖縄本島までだと、鹿児島から名古屋までと同じぐらいの距離になる。こんな遠くまで、船で交流していたわけなのだから、世界を見る視点に長けていたともいえるだろう。海洋国家の発想は、こうした点から出て来ているのかもしれない。ちなみに、本文でも示した通り、この砲撃で溺死した中に浜崎太平次という人物がいるが、この人物は指宿で琉球などと貿易していた、著名な海商である。

もう一つは、薩摩藩の例であるが、風評と情報に非常に気を付けている点にも注意したい。つまり、薩摩藩の蒸気船への砲撃は、長州藩の誤射であった。その意味では、長州藩が一方的に悪かったのである。しかし、事件が明るみになるに従い、蒸気船の積載品に輸出目的の綿花があることがわかると、上方などの攘夷派の浪人たちは、攘夷の旗頭であったはずの薩摩藩への不信感を募らせることとなる。薩摩藩は、この一件に対するこうした長州藩への同情と薩摩藩への批判の風評を鋭くキャッチし、藩が行動するための材料にしたのである。実際、こうした情報を受け取り、薩摩藩としては、事態を穏便かつ、手早くすませる方向性が模索され、情報伝達者である市来四郎（正右衛門）も、真実（砲撃による火事）ではなく、自火による蒸気船焼失という報告を伝えることで、薩摩藩士の怒りを抑えている。このように、各藩の動向は、単に当事者間だけの問題なのではなく、大局的な視野に立った解決の方向性が模索されたのである。

なお、こうした情報収集は、薩摩藩だけではなく、各藩でもなされている。この一件についても、周辺諸藩で手紙がやりとりされていることからもわかるだろう。

●歴史学の視点から●

幕府の対応について注目しよう。幕府は、公儀としての立場から、長州藩と薩摩藩とが直接衝突することに強い憂慮を示している点に注目したい。

こうした幕府の行為は、公儀の公儀たるゆえんであるといえるだろう。つまり、天正十三年（一五八五）から翌十四年（一五八六）にかけて豊臣秀吉は、私戦禁止令を出している[1]。それは、相互間での争いを認めず、紛争解決権の独占を図ったことによる。こうした諸藩とは超越した立場にあったのが公儀であり幕府なのである。こうした発想は、豊臣政権から徳川政権になった以降も、継承された。「長州藩が砲撃した、しない」などということで、薩摩藩が長州藩に対して戦争をしかけたら、私戦が行われることとなり、公儀としての幕府の存在意義が失われてしまいかねない事態であったのである。

結果的には、薩摩藩と長州藩との間の戦争は回避された。幕府としての立場は、一応保つことができたのである。

1　藤木久志『豊臣平和令と戦国社会』（東京大学出版会、一九八五年）。

第四章　幕末期広島藩藩札と大坂商人

はじめに

本章は、幕末期における藩札発行の特質について、嘉永五年（一八五二）正月に広島藩が発行した改印札を事例に、検討するものである。

藩札は、寛永七年（一六三〇）に福山藩が発行したのが嚆矢といわれるが、その後各藩において行われている。(1) 広島藩では、宝永元年（一七〇四）に藩札が発行され、同四年（一七〇七）に銀札通用停止令に伴い、一時通用を停止するが、その後、おおよそ二〇年間の間隔をあけて享保十五年（一七三〇）に銀札通用の許可を得てからは、近世を通じて銀札の発行を行っている。こうしたことから、広島藩における藩札研究は、多くの成果を見ることができる。(2)

藩札とは、本来は、正貨の不足分を補塡することが発行の目的であったが、実態は慢性的な藩財政困窮の解決に向けた発行が多かった。(3) このため、藩札史研究の成果は、①藩財政・藩経済政策の問題から国産奨励政策との関連、②貨幣史研究の一環として金・銀・銭などの正貨との関わりと、その特質について、(4) という視点から多くの成果を見ることができる。また、大坂商人と藩との関係をめぐる研究は、①藩財政に対する、大坂商業資本の関わりの問題を究明する視点から、大名貸に代表される大坂商人による資金供与を素材とした大名金融史研究、(5) ②年貢米の換金に伴う蔵元や掛屋の問題、(6) の面から議論されてきている。これら一連の成果は、それぞれ課題が残されており、その意味では、今後いっそうの検討が必要とされるだろう。

本章で取り上げる嘉永五年に実施される改印札発行は、当時顕在化していた銀札相場の下落を受けて、銀札の信用回復を目的として従来取引が行われていた銀札を改め、新たに銀札を発行したものであった。実は、弘化五年(一八四八)にもこうした改印札の発行が行われている。五年も待たないうちに改印札が再度発行されたわけである。(7)

以下、本章では、①改印札発行をもたらした歴史的前提について、②主として広島藩と鴻池との対応関係から改印札発行の経緯について、③改印札発行の実態について、④①から③までの議論を踏まえつつ、藩札発行に果たした大坂商人の役割について、の四点を明らかにし、藩金融政策に大坂商人がいかにかかわったかという点について明らかにする。

1 嘉永の改印札発行の歴史的背景

広島藩の銀札発行と置為替仕法

広島藩における銀札の発行高は、享和元年(一八〇一)段階で、一万一七六〇貫であった。(8) 幕末の発行高は、当時の史料からはわからない。しかし、嘉永五年(一八五二)の改印札発行に際し、鴻池に対して借金を要請するに当たり、広島藩は綿座切手と銀札の引替え準備金として、五万九〇〇〇両（一四七万五〇〇〇貫）を見積もり計上している(9)。この見積額が、当時の藩札発行高と同じとは必ずしも言いがたいものの、おおよその指標となるだろう。おおよそ半世紀の間で一五〇倍もの発行が見られるのである。綿座切手を含めての話だが、かなりの札の乱発が見られることが明らかである。

このような銀札発行に基づきながら、大坂商人との連携によって行われた藩経済政策として置為替仕法がある。この置為替仕法について紹介されている史料1を参照してみよう(10)。

〔史料1〕

大坂江置為替与唱、町新開之者共上方へ差登候諸品荷物等之代銀鴻池店へ相納メ、切手ヲ取大坂御屋鋪江差出し、同所御役所之請取書ヲ取、此元へ罷帰り候上、御勘定所江差出候得者、銀子拾貫目ニ付札歩として弐百目并下り歩として六拾目合拾貫弐百六拾目之札銀於爰元相渡候、此取引去ル天明元年此迄ハ数多之事ニ有之候処、同年頃拾貫目ニ付札歩・下り歩五拾目相減し、其以後置為替致候者無之処、此節より已前之通り置為替拾貫目ニ付札歩弐百目、下り歩六拾目相渡り候様相成候間、町新開之者大坂置為替いたし便利之儀も有之候ハハ、随分□□□不洩様綿密ニ相示し置可被申事

五月　　五組江

同史料は、文化十二年（一八一五）五月にこの大坂の置為替の再興を示した触書である。この置為替仕法とは、大坂市場で売り払った正貨を蔵元（鴻池）を通じて大坂蔵屋敷で置為替にした切手を受け取り、その切手を帰国したさいに広島城下の勘定所において銀札で受け取るという方法である。正貨一〇貫目について、銀札との交換比率として二分六厘（二分は正貨から銀札への交換比率、六厘は下り歩）を追加して、銀札一〇貫二

グラフ1　文化12年から慶応３年までの年貢米相場

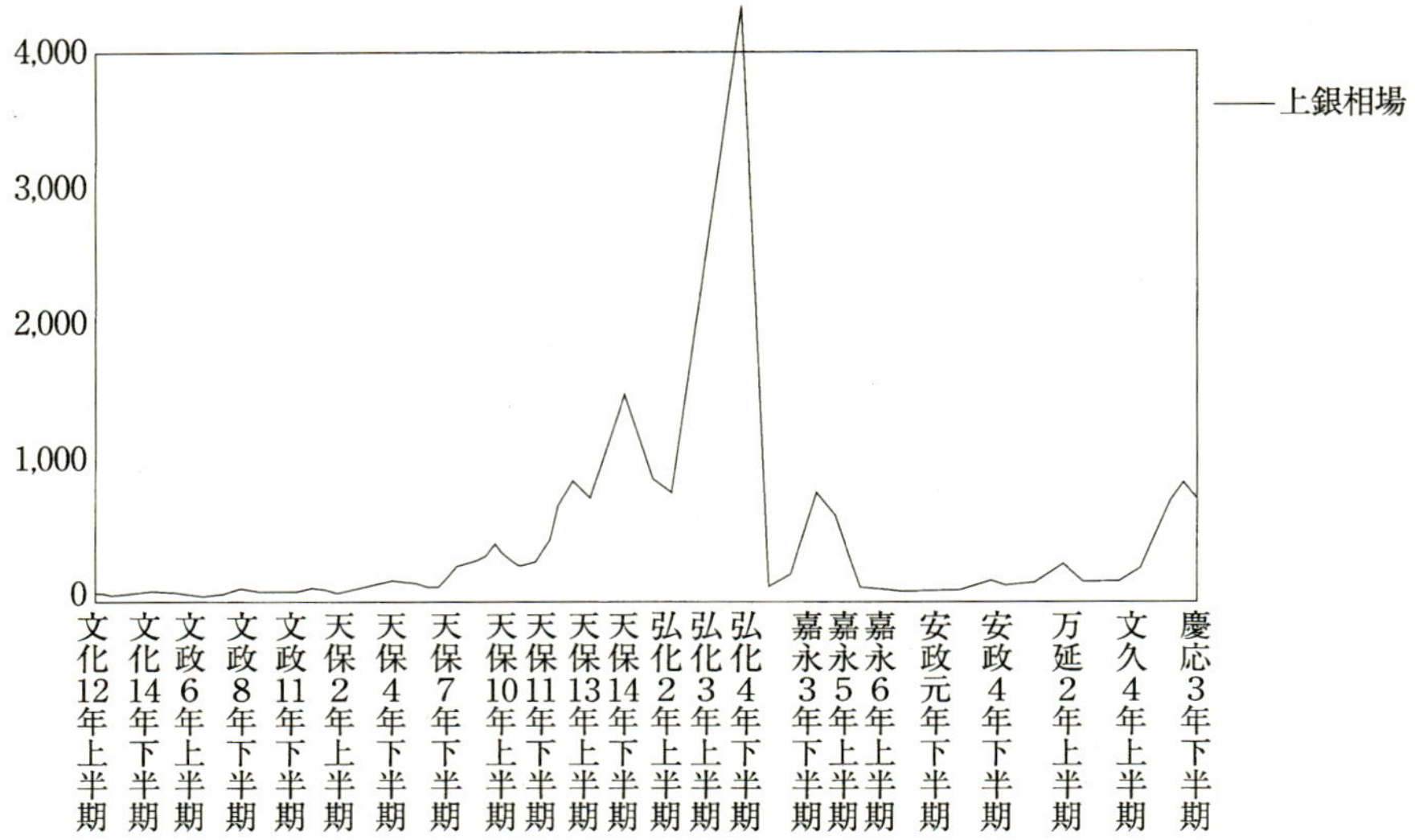

註１）　文化12年から慶応３年までの「御紙面写帳」（吉川・竹内家文書，広島県立文書館蔵紙焼史料）参照。

２）　文化12年から１年を上半期と下半期に分けて，共に該当時期の相場を参照しながら算出したものを表化して作成（それぞれ米１石相当の相場）。

３）　単位は匁。

４）　上銀相場とは年貢米を代銀納するときの公定相場のことである。本章では，米相場として使用している。

六〇目で引き替えることとしている。天明元年（一七八一）ごろは活発に行われていたが、交換比率を下げたことで、行われなくなっていることがわかるだろう。

　この置為替仕法は、端的に述べると、藩内での銀札流通を活性化するとともに、正貨を藩庫に吸収する方法といえるだろう。この置為替仕法を意図して、金銀の正貨取引を禁止し、藩内における銀札の強制通用を徹底したのである。さらに、文政十年（一八二七）には、置為替仕法の浸透の様子について割庄屋に対し達しを出している(11)。

　こうした札の乱発は銀札のみに限らない。すなわち、天保十二年（一八四二）には、綿座役所から綿座預り切手を発行している。銀札のみならず綿座切手

グラフ2　文化12年から慶応3年までの年貢米相場（広島）・広島米相場（大坂）指数

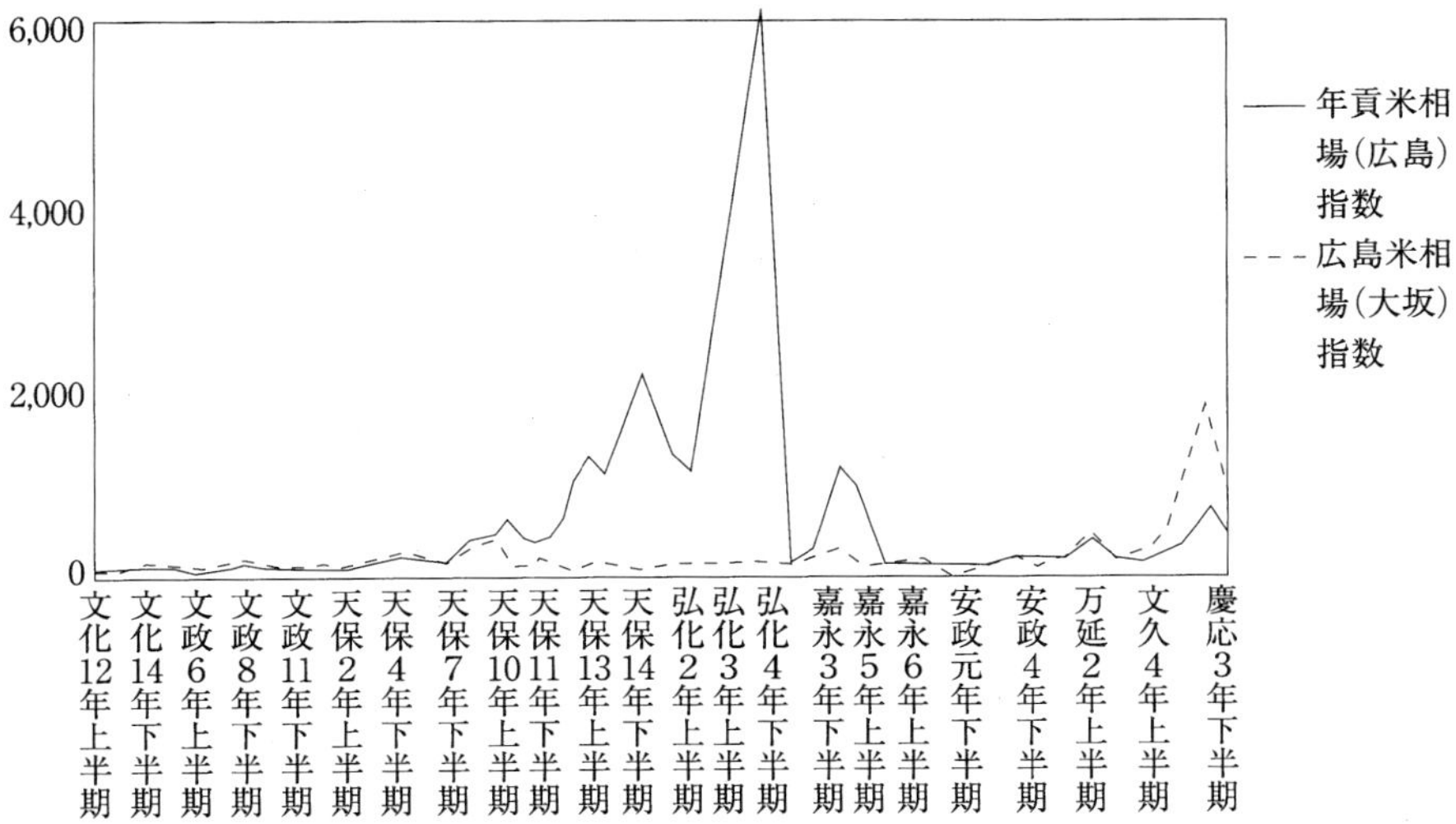

註1）文化12年から慶応3年までの「御紙面写帳」（吉川・竹内家文書，広島県立文書館蔵紙焼史料）参照。
2）三井文庫編『近世後期における主要物価の動態（増補改訂）』（東京大学出版会，1989年）を参照。
3）文化12年から1年を上半期と下半期に分けて，共に該当時期の相場を参照しながら算出したものを表化して作成。
4）文政12年上半期のそれぞれの相場を100として設定している。ちなみに，この時期の上銀相場は75匁5分，広島米（大坂）57匁2分（それぞれ米1石相当）。
5）単位は匁。

などをも含めた札による藩内流通が行われたのである。(12)

そして、藩札の乱発による現象が米価の高騰であった。グラフ1・グラフ2を参照しよう。この二つのグラフは、一石当たりの年貢米相場を半年ごとに示したものである。このグラフを参照すると、文化から文政期においては一石当たりの年貢米価格はほとんど一〇〇目以下で安定した推移が見られるが、天保八年（一八三七）ごろから一石相当の相場が二〇〇目となり、それ以降も相場の上昇が見られる。そして、天保十四年（一八四三）には一貫目を示すようになる。その後、弘化二年（一八四五）は一貫目以内で小康状態をみることができるが、同三年（一八四六）以降いっそうの上昇が見られる。そして、弘化五年（一八四八）正月の年貢米相場ではとうとう四貫三〇〇目にまで及んだのである。

弘化期の年貢米相場を詳細に示した表1を参照しよう。弘化三年以降、日を追って年貢米相場が高騰していることがわかるだろう。[13] 後掲表2の弘化三年二月十三日の事例のように、同時期の瀬戸田・尾道・広島の三地域の銀札相場を比較すると、その差が歴然である。広島城下町・尾道・瀬戸田の順で見られるように、札相場の下落は、都市から地方へと拡大したのである。

グラフ3を参照しよう。このグラフ3は、天保期後半から嘉永六年（一八五三）までの一両当たりの銀札相場と年貢米相場の相関関係を示したものである。天保段階では、一両当たり六〇〇目前後で推移しているが、漸次上昇を続け、弘化五年正月には三貫目にまで上昇している。とくに弘化三年の正月から二月の銀札相場の推移を示した表2を参照してみよう。同表を参照すると、弘化三年正月十五日は、金一両当たり銀札四一〇匁であったが、一か月後の二月十八日には一貫目を超えている。この時期における銀札相場の下落の様子が明らかであろう。この銀札相場の下落は、銭相場の高騰にも結びついている。グラフ4を参照すると、銀札一匁当たりの交換比率が天保十三年（一八四二）では一〇文であったのが、弘化三年七月で五文、嘉永二年（一八四九）には二文一銭となっている。札相場の下落は、銭相場の高騰へと結びついたのである。

これらを参照すると、銀札相場の低落傾向も天保段階から見られるものの、むしろこの段階での問題は年貢

上銀相場
4,200
4,200
4,500
4,200
3,800
3,600
3,500
3,600
3,700
3,776
3,800
3,850
3,900
3,950
4,050
4,300
4,300
105
102.5
100
102.5
105
107.5
50
107.5
105
100
97.5
95
100
97.5
99.5
97.5

表１　弘化２年から弘化５年までの上銀相場

年　　月	上銀相場	年　　月	上銀相場	年　　月
弘化２年正月22日	960	弘化３年３月26日	1,900	弘化４年７月26日
２年正月26日	930	３年４月１日	2,000	４年８月１日
２年２月１日	900	３年５月11日	2,100	４年８月６日
２年２月６日	880	３年５月21日	2,200	４年８月16日
２年２月16日	860	３年５月26日	2,300	４年８月21日
２年３月16日	840	３年閏５月１日	2,400	４年９月６日
２年３月26日	820	３年６月11日	2,300	４年９月11日
２年５月６日	800	３年６月21日	2,200	４年11月１日
２年６月１日	820	３年７月１日	2,100	４年11月６日
２年６月11日か	840	３年８月11日	2,200	４年11月11日
２年６月16日	840	３年８月16日	2,250	４年11月16日
２年７月１日	820	３年８月21日	2,350	４年11月21日
２年８月６日	800	３年９月６日	2,300	４年12月６日
２年９月16日	820	３年９月26日	2,250	４年12月16日
２年９月21日	840	３年10月６日	2,200	４年12月26日
２年９月26日	820	３年11月11日	2,225	５年正月11日
２年10月１日	880	３年11月21日	2,200	５年正月16日
２年10月６日	890	３年12月１日	2,250	５年２月11日
２年10月16日	870	３年12月26日	2,300	５年２月21日
２年10月21日	850	４年正月11日	2,500	５年２月26日
２年10月26日	830	４年正月16日	2,650	５年５月16日
２年11月６日	830	４年正月21日	2,700	５年５月21日
２年11月11日	682	４年３月22日	2,800	５年６月１日
２年11月16日	707	４年４月１日	2,900	５年６月６日
２年11月21日	700	４年４月11日	3,000	５年８月11日
２年12月６日	690	４年４月16日	3,100	５年８月26日
２年12月11日	670	４年４月21日	3,200	５年９月１日
２年12月16日	620	４年６月１日	3,300	５年９月６日
２年12月26日	610	４年６月６日	3,400	５年９月16日
３年２月11日	800	４年６月11日	3,500	５年10月16日
３年２月16日	1,300	４年６月26日	3,600	５年11月11日
３年２月26日	1,400	４年７月１日	3,800	５年11月16日
３年３月１日	1,500	４年７月11日	4,100	５年11月21日
３年３月６日	1,600	４年７月16日	4,100	
３年３月21日	1,800	４年７月21日	4,200	

註１）　各年の「御触書控」（吉川・竹内家文書，広島県立文書館蔵紙焼史料）を参照。
　２）　上銀相場の単位は匁。

グラフ３　天保13年上半期から嘉永６年上半期までの年貢米相場と銀札相場

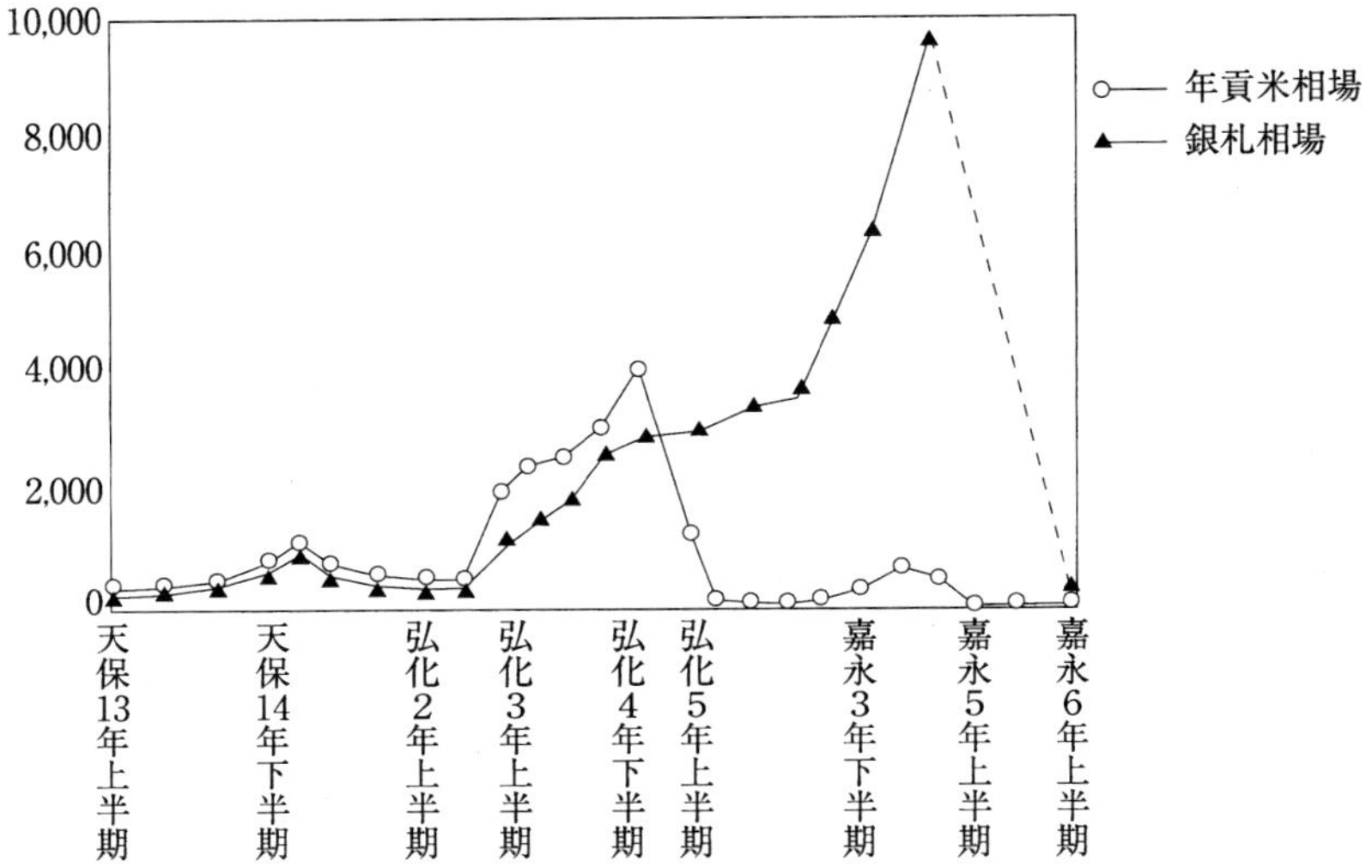

註１）　天保13年から嘉永３年までの「御紙面写帳」（吉川・竹内家文書，広島県立文書館蔵紙焼史料）参照。

２）　銀札相場は「万集記」（瀬戸田町史編纂室蔵）参照。

３）　米相場と銀札相場は，１年を上半期と下半期に分けて，共に該当時期の相場を参照しながら算出したものを表化して作成。

４）　銀札相場について，嘉永４〜５年の記載がないが，該当時期に銀札相場の記載がなかったことによる。

５）　年貢米相場は米１石相当（単位は匁），銀札相場は金１両相当（単位は匁）。

米相場の上昇であったといえるだろう。この米相場の上昇が大きな問題として顕在化するなかで、銀札の信用相場が下落したのである、さらに弘化三年段階になると、銀札相場の下落と年貢米相場の高騰が相互に関連して表れたのである。

弘化四年の改印札発行

以上の状況を踏まえて出されたのが、弘化四年（一八四七）の改印札発行であった。史料2を参照してみよう[14]。

〔史料2〕

金銀為融通改印有之銀札取引之義別紙之通郡町江相達候、此旨相心得是迄之銀札取交取扱可申事

右之趣不洩様可被相知候

十一月七日

近年下方金相場高下一統の気迷ニ相成、渡世之嗜も難相立難渋之趣も相聞候ニ付、為融通近日より改印有之銀札御定相場を以於札場相渡候間、引替度者ハ正金差入可申候、又右改之銀札を以正金ニ引替度節も、同所

表2　弘化３年正月から２月までの銀札相場（瀬戸田町）

年　　月	札
弘化３年正月15日	410目
３年正月下旬	410目
３年２月３日	400目５分
３年２月５日	440 ～ 460目
３年２月８日	760匁（広島表1,200目）
３年２月９日	800 ～ 900目
３年２月11日	1,200目
３年２月12日	780目
３年２月13日	1,200～1,300目（広島表２貫200目，尾道１貫800目）
３年２月14日	1,100 ～ 1,200目
３年２月15日	1,350 ～ 1,400目
３年２月16日	1,100目
３年２月17日	1,080 ～ 1,100目
３年２月18日	1,130目
３年２月20日	1,030目

註）「万集記」（瀬戸田町史編纂室蔵）参照。

グラフ４　銀札１匁相当の銭相場

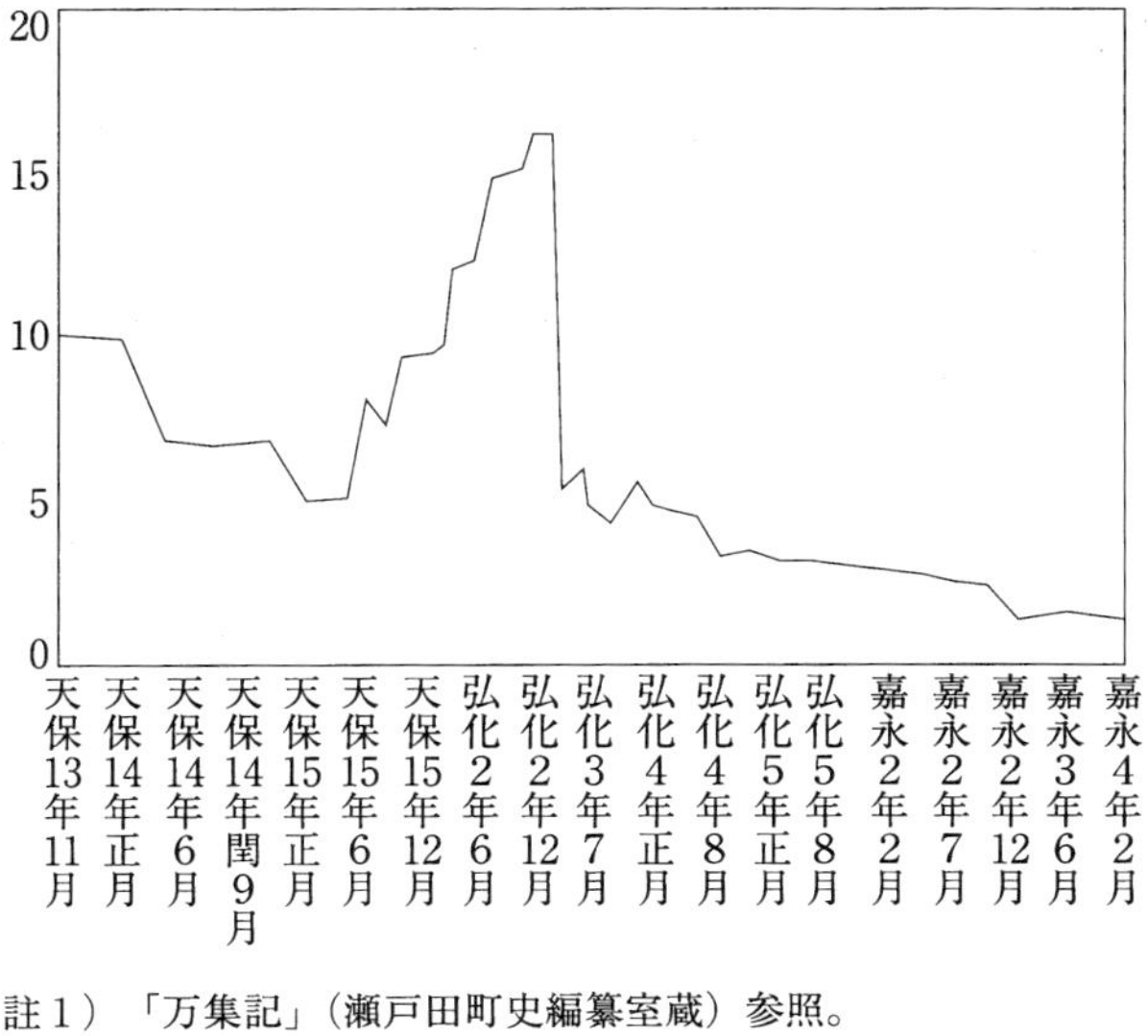

註１）「万集記」（瀬戸田町史編纂室蔵）参照。
　２）単位は文。

江申出候へハ引替可遣候間、此段も一統相心得、無差間通用可致候事

但　本文之趣者候得共、有来之銀札ハ此節札場別取引弐貫六百目定相場ニして其儘通用可致候事

改印札を発行し、それを藩内で通用させるとともに、これまでの銀札は、金一両に対して、二貫六〇〇目の価格としたのである。いわゆる「四〇掛相場」といわれるもので、これまでの四〇分の一の相場に抑えられることになったのである。

もう一度、表1を参照しよう。弘化五年正月の年貢米相場が四貫三〇〇目であったのが、同年二月の年貢米相場は一〇五匁となっている。年貢米相場がおおよそ四〇分の一に抑えられていることがわかるだろう。そして、その後、年貢米相場の上昇は見られるものの、比較的小康状態を保っている。その意味では四〇掛相場の効果はあったといえるだろう。

一方、グラフ3を参照しても同じことが指摘できる。弘化四年に実施された改印札発行は、年貢米相場の側面では効果が見られるものの、銀札相場においては、必ずしも効果があるとは言いがたい。銀札相場は、その後も高騰が続き、嘉永四年（一八五一）二月には尾道での相場は二〇貫目にまで及んでいる。この間、旧札の下落と物価騰貴が進み、嘉永二年十月には預り切手の発行を請け負っていた平野屋が破産したとの噂が流れ、豊島屋へ多くの人が参集し「甚敷格子を破り瓦を落し大ニ及騒動……」と混乱している。(15)

弘化四年に実施された改印札は、旧札から改印札への引替えに際し「有来之銀札ハ此節札場別取引弐貫六百目定相場ニして其儘通用可致候事」と記されているように、旧札から改印札への引替えの徹底をせず、切換えを漸次実施した。そのため、米価自体の高騰は収拾されたものの、銀札に対する信用回復には結びつかなかった。そして旧札相場の下落を助長させる結果となったのである。

その後の動向についてグラフ2を参照してみると、弘化段階から高騰してきた銀札相場が恒常的に上昇し続けている様子がわかるだろう。嘉永四年正月に及んでは、金一両当たり尾道で八貫五〇〇目、広島では一〇貫目に及んでいる。そして、二月には尾道では二〇貫目にも及んでいる。(16)

さらに一時期小康状態であった年貢米相場もグラフ2からわかるように、嘉永三年（一八五〇）の下半期ごろから再度価格が高騰している。銀札相場の低落によって、年貢米相場自体にも影響が及んでいるのである。弘化四年の改印札発行は、現象的には年貢米相場の高騰が銀札相場の高騰を招いたともいえるが、嘉永五年正月の改印札発行に際しては、逆に銀札および綿座切手などの札相場の高騰が米価の高騰を招いたのである。

2　嘉永五年正月の改印札発行の経緯

広島藩の改印札発行と鴻池への借金要請

嘉永四年（一八五一）六月、広島藩内の金融混乱を打開するために、今中大学は鴻池善右衛門へ書状を認めるとともに、吟味役である寺川直衛を大坂へ派遣した。(17) この今中大学は、文政五年（一八二二）より年寄役に就任し、弘化三年（一八四六）には年寄上座に就いている。当時広島藩政を担う最高責任者であった。(18)この今中大学の書状の内容は改印札発行に伴う借金を正式に要請したものであった。

また、享保十五年（一七三〇）に銀札発行の許可を受けて以来、二五年ごとに、広島藩は幕府から更新許可を受けていた。嘉永四年八月、広島藩は、本来四年後の申請で構わないにもかかわらず、幕府へ藩札発行更新を前倒しで願い出て、二五年間の銀札通用許可を受けている。[19] 広島藩は、改印札発行の実施を前に、銀札発行を継続的に行う許可を幕府から得ることで、条件整備を進めたのである。

さて、鴻池善右衛門に送られた今中大学の書状によると、「銀札之急難相防キ不申候而ハ、日用も差支何事も手立不相成、誠ニ国家浮沈之場合ニ迫マリ、内実恥入候仕合何共心痛至極御深察被下度、右ニ付此場合是迄之銀札悉ク皆引上ケ新古一変建替之外無之処、引替之金銀其手当無之……」[20] と、旧札の切下げと改印札としての新たな銀札発行を意図し、それに伴う準備金の借銀協力を要請したのである。史料3を参照してみよう。[21]

〔史料3〕

一百四拾七万五千九百六拾貫目　銀札幷綿座切手惣高

金壱両弐拾五貫目替ニ〆

五万九千両余　銀札切手共悉皆引替入用

外ニ　○提札奥ニ在り

四万千両余　此先キ払出し之新札引替手当

△同断

合拾万両程

(中略)

右取替

一金拾万両　　利足月五朱五ケ年賦返済
　六千両　　十二ケ月分利足
　弐万両　　一ケ年元入
〆弐万六千両　　初年返弁高
右返弁方ハ是迄之通、鉄・紙・扱芋其外国産之品如何様共取合せ増登せ之見込、尤右増登せ仕入丈ケ国方ニ而銀札之出方増故引替手当なし之新札払出し候訳ケニ候へ共、前文世帯方切替万端改革手〆り之出目ヲ以可相防覚悟見留メ見之候事

同史料を参照してもわかるように、一五〇万貫近い銀札・綿座切手などを一両相当二五貫目として引き替える準備金として五万九〇〇〇両、新札発行に伴う予備金として四万一〇〇〇両の合計一〇万両を借銀することを予定している。この借銀としての一〇万両は月当たり五厘を利子として、年間二万六〇〇〇両の五か年賦で支払いを行うことを予定している。また同時に、この借銀については、従来から広島藩と関係があった蔵元としての性格を生かし、鉄・紙・扱芋などの国産品の大坂登品によって賄うことを指摘している。こうして、一両当たり六五匁相場として換算すると、おおよそ四〇〇掛相場による両替の実施を意図したのである。広島藩の藩札・綿座切手の乱発に伴う札相場の下落は、自藩では収拾できない様子を露呈してしまったのである。

それに対する鴻池の対応はどうであったであろうか。鴻池の返答を抄録すると、「当所銀主共唯今出方多、御払方諸家様共元銀四ケ年賦・五ケ年賦抔与被仰出御屋鋪様近来御割済御六ケ敷被仰付候ニ付、七ケ年賦被仰付、右ニ而御請申上候、兎角御割済・御元済長ク相成、元居不融通外御館入衆同様考合候、右之折柄拾万

中々大金御借入難調奉存候得共、併此義私方斗不融通見込奉申上候」と、各諸藩の借銀の増大という当時の状況と、広島藩からの要請は一〇万両という高額な借金高であることを理由に難色を示している。(22)これに対して、広島藩側は七月十一日に寺川直衛や栗原正蔵を通じて、藩内は危急の状態で、このままだと一大事になる可能性もあるとし、「何卒盆後早々乍御苦労四軒様直一統御集談罷成下何レニ茂御堅談約り候之御沙汰御聞セ可被下候」と四軒組合と談合を重ねて更なる検討と、実現を要請したのである。(23)

千草屋による仕法書案作成と関係商人の対応

かかる要請を受け、関係四家は数度の寄合いを行い、八月五日には、千草屋俊助により仕法書が作成されている。この関係四家とは、四軒組合といわれる、鴻池（山中）善右衛門・加嶋屋（長田）作兵衛・鴻池（井上）市兵衛・千草屋（平瀬）宗十郎で構成される広島藩での江戸仕送りを分担する四軒のことであり、遅くとも天保十年（一八三九）には組織されていた。(24)

鴻池をはじめとした四軒組合では、広島藩からの改印札発行に伴う一〇万両の借金要請を受けるものの、多額な金額に難色を示している。このため、対案として仕法書作成が求められたのである。

この仕法書を参照すると、主眼点は以下の五点に集約できるだろう。

① 改印札発行に伴う札場は四軒によって管理すること。とくに、札場には四軒から派遣する手代などを採用すること。

② 広島藩から借金の要請を受けた旧札・綿座切手などの引替金としての五万九〇〇〇両のうち、四万両は四軒によって調達することとし、残り一万九〇〇〇両は、他の銀主や口入などから借り入れること。

③　改印札の引替え準備金としての四万一〇〇〇両は、調達困難の状況を含めつつ、当面必要な借金分五万九〇〇〇両の返済終了後に改めて相談に応じること。

④　銀札以外は、綿切手・米札・酒札・人足札などの他の私札は通用させないこと。

⑤　札場・手代における諸規定。

つまり、千草屋による仕法書によれば、五万九〇〇〇両のうち、四軒組合で四万両を引き受ける一方で、手代の派遣や藩内の札元運営をはじめとした、直接的な藩内運営への関与を目指したものであった。

しかし、この千草屋の仕法書案に対して、他の三家は賛同していない。とくに藩内運営にかかわる方法について難色を示したのである。すなわち、「先一統承服仕候得共、第一御大切御銀札正金大枚相任セ御国元へ下ス人物無之、差当当惑至極候」と、手代の派遣は実際のところ該当者がいないとし、「此仕法ニ而者万事四軒江請持候義故、御国表御屋鋪様思召者都合能被察候得共、ケ様ニ踏込御国下り万事四軒請持与相成候時ハ、中々五万九千両ニテハ難行届被察、此方より引請御世話致難出来申立テ跡江ハ不引」と、藩政に深く関与することは、将来に禍根を残しかねないとし、この方策は却下されたのである。[25]

以上のように、結局のところ藩内運営への関与は、実現されなかった。しかしながら、この仕法書の作成から考えるに、改印札発行に伴い、借金提供を行うことになるが、そのさい、札場管理などの藩内運営までの関与を求めることは可能であった。しかしそれは、千草屋以外の商人間で否定されていく。つまり、この事例からは鴻池以下四軒の大坂商人は、広島藩の金融政策には直接的関与を自ら行わない立場に徹する性格を確認できるのである。

大坂商人における金子調達

こうした銀札発行に対する借金の要請に対して、大坂商人はどのように理解したのであろうか。史料4を提示しておきたい。(26)

〔史料4〕

口上之覚

一是迄毎度奉申上候、銀札御用之儀、当町銀主共気合不請之儀者諸家様共初発御仕法之儀、御城下身元宜敷町人共江被仰付御領内為御融通御銀札御仕出し正金銀者右町人共預り置、何時成共引替之差支無之被為取引、右正金銀集御領内下民之置キ預り候儀ヲ、後々ニ而者取失、自分之金銀与存積置申候而者金銀之働無之与存、諸方へ貸附又者御地頭江貸上ケ利欲ニ迷、終ニ先祖之商売相休、夫而已ニ掛り身ニ奢り終ニ一家之驕ヲ成し身上不如意成行候時、兼テ出置申候銀札被取付、貸附之金銀火急ニ返済致シ不呉其期一家及滅却候段、諸御城下ニ可有之候趣是迄毎度及承候、気の毒千万奉存候、且又何方様も初発者右之御仕法候処、其町人共身之慎ミ能先祖之商売ヲ不忘次第ニ身上能成、其時御地頭之御勝手方御六ケ敷時節到来仕候節、右集り預り金銀御借上ケ之儀被仰付候共、元ゟ手堅ク家法之人物故中々以御地頭様と申せ共調達不仕、依之素々御上之物ヲ御領内之町人江被仰付候儀ニ付、御銀札御地頭直支配相成行御勝手方ゟ右金銀御自在ニ御遣イ物之程者御戻シ合可相成候得共、後々者御戻合も不出来追々御勝手方御六ケ敷成行出引替方無御手当御銀札御出し後難之思召者乍在無拠其時之御手ヲ合ニ付、引替方差支依之御銀札之位者下り正金銀位上り無是非正金銀之位ニ合候程、御銀札御出し被追候程ツ、札位下り其時正金銀ヲ以防事不相成時節ニ至り申候義、右ニ付年来之御国政も不被為行候義共、毎々承候歎息仕候、此度之御頼談此場ニ至り加ルに綿切手之大病年久敷相成、最早大厄難ニ手尽時節到来、無被為遊方より荒療治ヲ以十万金ヲ此大病一時平癒之思召、乍恐大海ヲ防に一車薪之火ヲ一滴水ヲ以如防与奉存候、銘々共之不及義与奉存候、勿論御国元御重役様方御役々様方迄、右防方御相談之御上之儀与奉察上候得共、綿切手者諸御役所御家中御城下辺斗、御旧札者郡村而已之由兼々蒙り及候、金壱両ニ付四拾貫目位迄ニ札相場引下ケ候儀者、御城下近辺尾ノ道辺之義与奉察上候、旧札相庭ニ而者無之、綿切手相庭之様ニ奉存候、右切手者正金壱両切手弐拾五貫目之御引替被為仰出候共不及騒動候様奉遠察候得共、御旧札者矢張弐拾五貫目之御引替与被為仰出候ハヽ、御領内端之辺鄙者五ケ年前、金壱両ニ付御旧札弐貫六百目之御引替方、今に末々迄行届不申譬及承候共、元々正銀壱匁銀札壱匁之御通用故、後々者元々之通可相成奉存候、定而自今其辺ニ而者壱匁札者壱匁ツヽ之通用致し居可申与奉遠察候、其辺江弐拾五貫目之引替之儀被仰出候ハヽ、惑乱仕可申も難斗奉恐察候（後略）

同史料から、これまでの広島藩における銀札発行を中心とした金融政策に対する、大坂商人の理解を窺い知ることができるだろう。内容としては以下のようにまとめられる。

今回の改印札発行について、「御城下身元宜敷町人共江被仰付御領内為御融通御銀札御仕出し正金銀者右町人共預り置、何時成共引替之差支無之被為取引、右正金銀集御領内下民之置キ預り候儀ヲ、後々ニ而者取失、自分之金銀与存積置申候而者金銀之働無之与存」と、藩の強制通用によって行われた銀札金融に対する破綻を、藩経済政策の失敗であるとして厳しく批判している。正貨引替えの保証のない銀札乱発と綿座切手の発行が、今回の金融問題をもたらしたことを指摘したのである。

ただし、こうした経済政策の失敗を念頭におきつつも、当時の広島藩の金融状況自体については、「右ニ付年来之御国政も不被為行候義共、毎々承候歎息仕候」と、理解を示している。また、借金の要請については「此度之御頼談此場ニ至り加ルに綿切手之大病年久敷相成……荒療治ヲ以十万金ヲ此大病一時平癒之思召、乍恐大海ヲ防に一車薪之火ヲ一滴水ヲ以如防与奉存候」と、きわめて冷ややかな対応をしている。また、広島藩における札発行の問題点は、銀札の発行よりもむしろ綿座切手の発行が大きな問題点であった。今回の改印札発行の原因として、綿座切手の処理が懸案事項であったことは「綿切手之大病年久敷相成」という文言にも表れているだろう。実際、引替え準備金として借金した五万九〇〇〇両のうち、四万八〇〇〇両は綿切手の引替え分であり、一万一〇〇〇両が銀札であった。つまり、改印札実施の引替えの八割近くが綿切手であったのである。次節でも述べるように、改印札発行が開始されて間もない時期のことであるが、「綿座切手弐十万貫目、旧札五万貫……」と引替えの様子が記されているように（史料7参照）、綿座切手の回収額がきわめて大きいことが判明する。しかも、嘉永四年正月における広島での銀札相場は一両当たり一〇貫目であり、綿座切手相場は一二貫三〇〇目であった。同一時期で考えた場合でも、銀札相場よりも綿座切手相場の方が、さらに下落していることがわかるだろう。先にも指摘したことだが、銀札のみでない多様な私札の乱発が、広島藩における金融状況を悪くしたのである。

　さらに、「御国元御重役様方御役々様方迄、右防方御相談之御上之儀与奉察上候得共、綿切手者諸御役所御家中御城下辺斗、御旧札者郡村而已之由兼々蒙り及候、金壱両ニ付四拾貫目位迄ニ札相場引下ケ候儀者、御城下近辺尾ノ道辺之義与奉察上候、旧札相庭ニ而者無之、綿切手相庭之様ニ奉存候、右切手者正金壱両切手弐拾五貫目之御引替被為仰出候共不及騒動候様奉遠察候得共」と、一両相当で二五貫目もの交換比率で交換を行うと、交換比率に不満を生み混乱を招く恐れがあることを指摘している。

つまり、この口上書によると、広島藩における銀札発行の問題点を、藩権力における強制通用に基づく多額の銀札発行に求めている。そして、今後の方策として信用性を重視することでの藩内金融の安定を指摘したものといえるだろう。結局、四軒組合は、一〇万両の貸与自体に難色を示しつつも、藩内経済の現状を踏まえて、引替え準備金としての五万九〇〇〇両のうち三万五〇〇〇両を鴻池以下四軒によって引き受けることとし、残り二万四〇〇〇両は別途で銀主や口入によって調達することに決めたのである。先の千草屋の原案では、貸与額は四万両としていたが、三万五〇〇〇両を貸与することに決定したのである。その意味では、厳しい対応であったと言えるだろう。

これに対して、広島藩当局は「何之返答も無之定而国許ニ而も色々申談居候事与被察候、日々返答相伝居候得共」と即座に返答を行っていない[27]。結局、国許へ問い合わせた上で「八月十二日御答之趣国許へ申遣し候処、下ケ札ヲ以廉々頼越し段々御心配被成下、忝何分宜敷御願可申上候段、御口舌ヲ以委細被仰聞厚御挨拶可申上候段被仰聞候」と、月当たり六厘の利率による五か年賦返済の条件で四軒組合から三万五〇〇〇両を借金することを承諾したのである。そして、残り金二万四〇〇〇両については、銀主や口入によって調達することになったのである。

その後、口入などの銀主から金子を調達しているが、五〇〇〇両不足したことから、結局追加で五〇〇〇両を四軒組合に求めている。かくして合計四万両を鴻池以下四家から借り受けたのである。

先項において、四軒組合のなかから手代などを派遣することが計画されたが、結局行うことはせず、直接的な大坂商人による広島藩の金融政策への関与はなかった点を指摘した。しかし、四軒組合として広島藩に対し、以下の四点を要請している。

①銀札と正貨との引替え手数料について、福山藩領での銀札発行の状況を念頭においた改定を要請している。

②改印札により正貨と銀札を引き替える場合、藩内の準備金では不足する。このため、「都而御上納向始御家中御払米代銀ニ至迄御銀札相納被仰付候ハヽ、是非共正金銀ヲ以御銀札ニ引替来り可申候」と、年貢上納から家中の払米代銀まで、銀札の通用とすることで、引替えを円滑にするよう要請している。

③「銀札多数御出し御差支無御座候得共、余り沢山過候而者下方札相庭下り可申茂難斗……」と、これまで行われていたような銀札の乱発は相場下落の原因であるとし、銀札の乱発を強く戒めている。

④「何卒当所四軒家へ御勘定書拝見被仰付度」と、広島藩で行われた銀札の引替勘定書を毎年見せることを願い出ている。

つまり、大坂商人は広島藩の金融政策に対して直接的な関与を行わず、広島藩の改印札が藩内で円滑に融通する基本的な方法を、四軒組合から要請したのである。

こうして借金は、当初予定していた五万九〇〇〇両に一〇〇〇両を追加し六万両としたのである。

また、改印札発行後の改印札の交換比率を決め、改印札の通用のあり方を検討している。さらに発行直前には、引替え相場を一両当たり二五貫目にする当初の予定を変更し、三二貫五〇〇目に変更している。その上で嘉永五年（一八五二）正月九日に触れが出されたのである。

嘉永の改印札発行は、大坂商人からの大名貸しを背景に行われた。これが弘化の改印札発行に際し、広島城下町商人によって解決を図ったのとは異なる点といえるだろう。しかもそのさい、まったく無原則に金子を貸し与えたわけではなく、借金額などは、藩と大坂商人とのやりとりのなかで決定されたのである。また借金額の内訳について、鴻池と広島藩との場合を例にすると、必ずしも全額を鴻池をはじめとした四軒組合のみにより貸与するのではなく、御館入や口入などからも貸与が行われている(28)。

3 改印札発行

以上、改印札発行の経緯について、とくに鴻池をはじめとした四軒組合と広島藩との対応のなかから明らかにしてきた。次に、この改印札発行について史料5を参照してみよう(29)。

〔史料5〕

態申遣ス

別紙之通被仰出候条、此旨相心得組合村々不洩様相触可申もの也

子正月　　賀茂郡御役所

村々役人とも

旧札ハ四拾掛定相場通用之儀、兼而相達候通りニ候処、世上取引其通りニも難被行、去年以来相場高下別而荒々敷ニ付、此度金壱両三拾弐貫五百目相場ニ相定、旧札・綿座切手共不残改印札ニ御引替可被下旨被仰出候、御引替日限等委細之儀ハ追而可相達、尤悉皆御引替相済候迄ハ、此度御定相場歩込ニ而其儘通用勿論ニ候事

右之趣不洩様可被相達候

正月九日

相場の乱高下を理由として、一両当たり三二貫五〇〇目で、旧札・綿座切手のすべてを改印札と引き替えることを明らかにしている。弘化四年（一八四七）の改印札の場合、銀札のみを改印札の対象としたのに対し、今回は、銀札のみでなく綿座切手をも含めた引替えが行われている。この正月九日の触れでは、改印札の実施を示し、引替え開始日や、期限などの詳細は改めて提示するものであった。そして改めて、正月二十三日に引替えの詳細が触れとして出されることになり、翌々月の閏二月四日から綿座切手と銀札を改印札に引き替えることになったのである。銀札は札場と菅市左衛門宅などをはじめとした三つの家で、綿座切手は綿座で、そして尾道札場と三次札場の両所では旧札と切手の両方を引き替えることになった。[30]

正月九日の触れが出されたのを受けて、広島城下ではかなりの動揺があったようである。東城浅野家の家臣であった村上氏が書き留めた日記である「村上家乗」には以下のように記されている。[31]

〔史料6〕

右相場ニ而五百層掛ニ相当候故、旧札五百目記之壱匁ニ当、五匁札正銭壱文ニ当、壱匁札以下八文ニ不当、小札等者反古紙之直段も無之由、実ニ国鈔之下落、此上も無之、宇宙今古未曾有与いふへし、乍恐

国家之大恥辱是非もなき御時勢也

同史料を参照しても、五〇〇掛相場によって札相場が下落し、一匁札などは反故を意味するとし、こうした改印札発行を「国家之大恥辱」と記し、広島藩政に対して不信感を募らせている様子がわかるだろう。弘化四年十月の改印札においては、札の引替えが円滑に行われず、騒動にまで至ったことは先に記した通りである。しかし、今回の改印札は比較的順調に行われたようである。史料7と史料8を参照してみよう。[32]

〔史料7〕

一閏二月十三日栗原様江彦次郎罷出候処、三輪様御立会ニ而此程者段々御配意被成下、外三軒共御承知被成下安心仕忝奉存候、然ル処御国元大奉行ゟ八日出ヲ以申越し候、札引替当月四日ゟ初り今日迄之処、綿座切手弐十万貫目、旧札五万貫目、正金七八両斗御引替ニ相成候趣、左候ハ、一日千両之見積りニ甚参り不申故、下し金来月上旬迄ニ取斗可申旨頼越し申候

〔史料8〕

御旧札・綿座切手御引替之儀、追々為相済最早八歩通程者被為済、残御引替来ル八月限ニ而通用御停止之御旨、先月廿三日被為出候得共、人気穏成趣先頃御沙汰被成下奉承知恐悦至極奉存候、乍恐銘々共ゟ茂御領内其外御隣国茂内々蒙り合を申候処、如仰下御領内至極人気穏御銀札元々之通、正銀同様通用御国民泰平之御代ニ相成申候

前者の史料7は、綿座切手や旧札の引替え状況を藩から四軒組合へ連絡したもので、藩が四軒組合に対して、正金の振込みを促したものであった。そして後者の史料8は、四軒組合に対し、改印札の引替えが順調に行われているが、引替え期限が八月であることを受けて、四軒組合から藩に対して提出した口上書である。作成年代は不明だが、およそ八月に書き上げられたものと考えられる。旧札・綿座切手の回収が順調に行われたというのは、史料7を参照してもわかるだろう。一〇日間のうちで、予定総額の一割以上が引き替えられている。そして八月の段階で藩札は八割の回収が行われたのである。

弘化四年における改印札の切替えは必ずしも円滑に行われたとはいえなかった。それに対し、嘉永五年（一八五二）の改印札発行は、五〇〇掛相場にもかかわらず、比較的順調に引替えが行われている。この理由は、弘化四年の改印札発行に際し、平野屋・豊島屋などの広島城下町商人に依存したことで、引替え準備金が不

足し、破産に及ぶといった流言が広がり、その結果城下町が混乱に陥ったのに対し、嘉永五年の改印札発行においては、引替え準備金を大坂商人に借金することで、漸次正貨の送金を受け、改印札の信用を維持できたからだと考えられる。

嘉永五年に実施された改印札は、従来の銀札三二貫五〇〇目を金一両で交換することで公定価格としたものであり、いわゆる「五〇〇掛相場」と称するものであった。弘化四年時における改印札発行では「四〇掛相場」であったのに対し、今回の改印札発行は、かなりの銀札相場の下落を意味している。しかも、銀札のみならず綿座切手の引替えをも同時に実施したのである。こうしたことから、嘉永五年の改印札発行は、藩当局としてもかなりの決断で実施したものであり、周到な準備をもって断行されたのである。

藩当局としても、弘化四年における改印札発行のときに見られた失敗を反省し、鴻池を中心とした四軒組合に依存して引替え準備金を調達し、さらに、四年後に更新される予定の銀札発行許可を、嘉永四年（一八五二）八月にくりあげて幕府から受け、条件を整えたのである。

かくして、改印札発行の触れが正月九日に出されることになり、さらに閏二月四日より、綿札は綿座（尾道・三次は綿座がないことから、札場で交換を行う）、銀札は札場において旧札の交換が開始された。

改印札は豊かな引替え準備金を背景に順調に行われた。引替えが実施されてから一〇日のうちに予定総額の一割が引き替えられている。その後も順調に行われ、引替え期限を八月中ごろとしたのである。ただし、銀札・綿座切手などはまだ残されているし、九月十日、さらには十月中までにと期限が延期されている。[33] こうして広島藩内における金融危機は一応の決着をみたのである。

その後の米相場について、グラフ2を再び参照してみよう。嘉永五年正月に、米一石当たり八〇目となって以来、文久段階まで若干の高値を示すが急激な騰貴を示していない。価格の高騰は、最幕末期における全国的な流通の混乱状況をもたらす元治・慶応期までは、一定度の安定を示したのである。

おわりに

幕末期における広島藩の藩札発行について、弘化四年（一八四七）と嘉永五年（一八五二）の二度にわたり行われた改印札発行の背景と経緯について紹介してきた。最後に、これまで明らかにした点をまとめつつ、幕末期における広島藩の藩札発行をめぐるいくつかの点を紹介しておくことにしよう。

近世後期に実施された置為替仕法は、広島藩にとって正貨獲得と藩内経済の発展を目指した政策であった。しかし、この政策には、藩札の乱発が伴っており、藩札をはじめとした札の強制通用が前提とされたのである。この置為替仕法は、文化・文政期においては比較的順調であったが、天保期ごろになると、問題が顕在化する。具体的な例は、米相場の高騰となって表れた。米相場の高騰は、藩札相場の下落と相まって事態を深刻なものとしたのである。

弘化四年に実施された改印札発行は米相場の安定には効果があったものの、それ以前の銀札の併用も許可され、しかも広島城下町商人に対する信用低下もあり、銀札相場（綿座切手などの札も含める）の下落には歯止めとならなかったのである。

嘉永五年の改印札は、いわゆる五〇〇掛相場のもと、鴻池など四軒組合をはじめとした大坂商人からの六万両もの借銀を背景に実施された。しかも、従来流通していた銀札と綿座切手は一定期間を経過した後は破棄することとし、全面的な銀札引替えを実施したのである。これによって、事態は一応収束することになる。

以上は、本章で指摘したあらましであるが、これらを通じて、四つの点について、簡単に指摘しておくことにしよう。

まず第一に、藩経済政策の実行に伴う問題について述べておこう。改印札発行は、嘉永五年正月に突然実行されたのではなく、同四年（一八五一）七月以前には水面下の交渉が行われ、七月以降にはすでに藩内の合意を得、実現に向けた対応が行われたと見るべきであろう。鴻池と交渉してから改印札発行までには六か月もの月日が必要であったのである。つまり、金融危機に直面しても即時に対策は打てず、藩内の一致と大坂商人との交渉を前提とすることなしには、解決できなかったのである。

第二に、幕末に二度にわたって実施された改印札発行は、弘化四年の「四〇掛相場」における改印札発行の効果が弱かったことにより、改めて嘉永五年に「五〇〇掛相場」として再度実施したものであったと考えられる。しかし、今回明らかにしてきた通り、弘化五年（一八四八）の改印札の場合、米相場の安定が意図され、嘉永五年の改印札は綿座切手・銀札の安定を意図している。このように、二度にわたる改印札発行は、単に交換比率を変えただけのものではなかったのである。

第三に、五〇〇掛相場という難題を混乱なく実行しえたのは、広島城下町商人のみに依存するのではなく、四軒組合を中心とした大坂商人からの正貨借入れによる引替え準備金を確保できたことによるだろう。

作道洋太郎氏は、この嘉永五年の改印札について、札元との関係で以下のように紹介されている。[34]「広島藩では引替準備金の不足を補い、信用通貨としての藩札の機能を回復させるために、鴻池善右衛門に十万両の融資を求め、鴻池善右衛門は鴻池市兵衛・同善九郎・千草屋宗十郎・加嶋屋作兵衛とともにこれに応じ、その大名貸の引当として、広島藩では領内の鉄・紙を指定している。さらに、これらの融資グループは、手代すなわち鴻池百助・同与三兵衛・同彦次郎・加嶋屋九八郎・同弥四郎・鴻池儀兵衛・同磯七・千草屋修助・同藤七らを広島に送り、領内における札遣いの統制・管理にも乗り出そうとしている。このような点を合わせ考えると、鴻池善右衛門は形式的にはともかく、実質的には札元に近い機能ないし、役割を果たしていたといっても差し支えないように思われる」。しかし、本章から明らかなように、札元は藩金融政策に直接は関与していない。確かに千草屋などの草案には、こうした手代の派遣や札元などへの参画が指摘されるものの、結局この案も鴻池をはじめとした他の商人によって否定されたのである。札元への直接的な参加や手代の派遣などといった直接的な参画はせず、むしろ決算書の提出を求めるといった監査の充実や円滑な切替えを促すための年貢などの引替えに改印札を奨励するような触れを出す提案を藩に対して行うにとどまっている。その意味では、広島藩の場合、大坂商人による藩への関わりはあくまでも資金貸与を基調としたものであったといえるだろう(35)。

第四に、幕末期には、綿座切手の代わりに、札銀預り券を発行している。表3を参照しよう。銀札と米札の発行高が多いことがわかるだろう。しかしながら、嘉永五年の改印札発行ほどの切手の乱発は行われていない。発行高を必要最低限に留めたのである。また、藩内での通用が認められていないはずの金銀が、藩内で流通していることから、銀札の専一的な通用を徹底することが触れ出されている(36)。広島藩において金融の混乱は、幕末期に至るまで続いたのである。

表3　広島藩藩内流通紙幣一覧（最幕末期）

項　　目	価　　格
銀札	79,945貫606匁１分
米札	65,408貫748匁０分
札銀預り手形	43,473貫600目０分
銀札預り切手	9,000貫000目０分
米切手	2,184貫000目０分
三次郡鉄山限銀銭札	36貫100目０分
山県郡鉄山銀銭札	7貫250目０分
合　　計	200,055貫304匁１分

註）『芸藩志拾遺』第五巻参照。

註

(1) 各藩の藩札発行の様子については、藤野保・村上直・木村礎編『藩史大事典』(全八巻、雄山閣出版、一九八八〜九〇年)で全体像を理解することができる。

(2) 作道洋太郎『近世日本貨幣史』(弘文堂、一九五八年)、同『近世封建社会の貨幣金融構造』(塙書房、一九七一年)、西川俊作・谷村賢治「藩札論再考—萩藩・広島札を中心に—」(『三田学会雑誌』七三—三、一九八〇年)、渡辺則文・土井作治「芸藩諸藩の藩札発行・通用に関する考察」(日本銀行金融研究所編『日本銀行金融研究所委託研究報告』二、一九八七年)。また私も、宝永期段階における広島藩藩札の発行高を明らかにした「宝永期広島藩の藩札」(『日本歴史』第五二二号、一九九一年)がある。ちなみに、宝永期段階の銀札はおおよそ三五〇〇貫から六〇〇〇貫の範囲で流通した。

(3) こうした指摘は古くからある。たとえば、堀江保蔵『国産奨励と国産専売』(塙書房、一九六三年)など。

(4) 作道洋太郎『近世日本貨幣史』、同『近世封建社会の貨幣金融構造』、川上雅「藩札論」(『近世史研究』三七、一九六三年)、田谷博吉「近世日本の紙幣」(阪南大学『阪南論集 社会科学編』二五—一・二・三、一九八九年)。

(5) 森泰博『大名金融史論』(新生社、一九七〇年)、藤村聡「幕末期鯖江藩における大坂借財の返済構造」(『北陸史学』四一、一九九二年)。

(6) 鴻池についての成果としては、宮本又次・森泰博「鴻池家研究文献目録」(宮本又次編『大阪の研究』四、一九七〇年)が詳しい。

(7) 改印札発行に関する基本的な流れは、「都市の発展と商業・金融」(『広島県史 近世2』一九八四年)を参照されたい。

(8) 「都市の発展と商業・金融」(『広島県史 近世2』)。

(9) 「芸州札場用談書」(大阪大学経済学部所蔵鴻池文書)。

(10) 「大坂置為替の再興に関する触書」(『広島県史 史料編 近世Ⅳ』一九七五年)。

(11) 文政十年(一八二七)正月「御触書控」(吉川・竹内家文書、広島県立文書館蔵紙焼史料)。また、同史料を参照すると、置為替仕法について、「郡中之者大坂ニおゐて商事取引いたし仕切受込之正金銀同所当御屋鋪江置為替ニして御切手受取罷帰り候上、当所ニおゐて速ニ銀札相渡候義者随分相調候筋ニ而勿論御定之銀歩も相渡候事ニ候、御登せ金銀御差配りニ相成、畢竟御便利之廉ニも有之趣」と、その方法について記載されてある。なお、竹内家文書については、西村晃氏により概要が紹介されている(「広島藩における村方文書の管理規定とその実態」『広島県立文書館紀要』第四号、一九九七年)。また、同文書群のなかで広島藩の触れ・達し類を書き留めた「御紙面写帳」を一覧すると、天保七年(一八三六)以降、米相場の記載が、表紙を開いた最初に記載されるようになっている。刻一刻と変動する米相場の乱高下の様子を書き留める竹内家の意識を窺い知ることができる(第二部第七講参照)。

(12) 「都市の発展と商業・金融」(『広島県史　近世2』)。

(13) 「万集記」(瀬戸田町史編纂室蔵)。同史料は、生口島の島内におけるさまざまな出来事を書き留めたものである。『瀬戸田町史　資料編』(一九九七年)は、それを抄録して紹介している。参照されたい。

(14) 「改印銀札発行に関する触書」(『広島県史　史料編　近世Ⅳ』)、なお改印札は、翌年の嘉永元年(一八四八)正月に発行が開始されている。このときの改印札は、一般に弘化の改印札といわれ、また改印札に記されている干支も未年で記載されていることから、本章でも弘化四年(一八四七)の改印札と記すことにする。

(15) 嘉永二年(一八四九)「村上家乗」(続編巻之六)。

(16) 「万集記」(瀬戸田町史編纂室蔵)。

(17) 「芸州札場用談書」(大阪大学経済学部所蔵鴻池文書)。

(18) 「藩政の改革と動揺」(『広島県史　近世2』)。

(19) 嘉永四年(一八五一)「温徳公済美録　巻二十四」(八月二十五日の項)。

(20) 「芸州札場用談書」(大阪大学経済学部所蔵鴻池文書)。

(21) 「芸州札場用談書」(大阪大学経済学部所蔵鴻池文書)。

(22)「芸州札場用談書」(大阪大学経済学部所蔵鴻池文書)。
(23)「芸州札場用談書」(大阪大学経済学部所蔵鴻池文書)。
(24) 森泰博「西国大藩の大坂借銀」(『大名金融史論』)。また、こうした広島藩と大坂商人との関わりについてであるが、『芸藩志』一三九巻付録の藩士の「職禄簿」の項を参照すると、合力組に山中善右衛門(八一〇石)をはじめとして(たとえば、この山中善右衛門は筑前藩や、鴻池善右衛門として土佐藩などからも扶持を貰っていることが確認できる)、大坂商人の名前が連ねられている。ほかに上位に名を連ねている、長田作兵衛(四二〇石)、井上市兵衛(一八〇石)、平瀬亀之助(一五〇石)は、まさに組合を構成していた四人である。ほかにも近江屋休兵衛(三〇石)は、改印札発行に際して四軒組合以外で金銭を調達した口入の一人である。江戸・京都・大坂の商人を広島藩内に合力組として抱え込み扶持や石高を与えることで、金銭の調達などを課したのである。
(25)「芸州札場用談書」(大阪大学経済学部所蔵鴻池文書)。
(26)「芸州札場用談書」(大阪大学経済学部所蔵鴻池文書)。
(27)「芸州札場用談書」(大阪大学経済学部所蔵鴻池文書)。以下、文中とくに註記のない引用史料の出典は、同史料。
(28) 森泰博「西国大藩の大坂借銀」(『大名金融史論』)では、寛政から安政までの借銀高の分析を行っているが、これを参照すると、鴻池善右衛門以下四軒組合で借銀を請け負うのは、五〇%から七五%のあいだであり全額を負担することはない。そして、残額については、複数の御館入や口入によって負担されていることがわかる。改印札発行に際しても同様なことがいえるのである。
(29)「旧札・綿座切手五百掛改印札と引替に関する触書」(『広島県史　史料編　近世Ⅳ』)。
(30)「嘉永五年　日記」(今中相親日記)。
(31) 嘉永五年(一八五二)「村上家乗」(続編巻之九)。
(32) 史料7・史料8のいずれの史料も「芸州札場用談書」(大阪大学経済学部所蔵鴻池文書)。
(33) 引替え期間の延長については、嘉永五年「御紙面類控」(吉川・竹内家文書、広島県立文書館蔵紙焼史料)の八月二十九日の項と十月十九日の項に記載が見られる。

(34) 作道洋太郎『近世封建社会の貨幣金融構造』(三九頁)。こうした指摘と同様な指摘は、すでに同『近世日本貨幣史』(二一五頁)においても見ることができる。参照されたい。

(35) ただし、福山藩の場合、明和七年(一七七〇)以降、米屋惣兵衛など大坂商人五軒—大坂五軒屋を札元にしているように、大坂商人を抱えこんで藩札が発行される事例も他藩で見ることができる。

(36) 安政五年(一八五八)正月「御紙面類写」(吉川・竹内家文書、広島県立文書館蔵紙焼史料)の九月の項を参照すると、「御領分銀札通用之儀、前々より相触候通正金銀者取扱致間敷……」と銀札通用の徹底を意図した触れが出されている。

●この事例のポイント●

金融史は非常に重要でありながら、難解な分野の一つである。本書のなかでも一番難解だったかもしれない。今回の広島藩の藩札の問題点は、簡単に述べると、藩札発行高が過剰となり、藩札自体の信用を低下させ、結果として、物価が高騰したという点である。まず、基本的なことから三点述べていくことにしよう。

第一番目はインフレとデフレの説明をしておきたい。

現在の日本は借金まみれのようである。経済産業省経済産業政策局によれば、日本の長期債務残高(国と地方の借金の合計)は、平成十七年(二〇〇五)度には、七五〇兆円を超えたといわれる。ようやく景気は回復したといわれるが、あまり好況感はない。こうした景気低迷のなか、窮余の一策として、しばしば囁かれる方法が一つある。紙幣を大量に発行して、市中(国内)の通貨量を増やし、インフレを起こそうとするのである。

デフレとはデフレーションの略である。通貨に比べて商品の量が多い場合を指すが、現象としては物価が下がる状態のことである。その逆がインフレ(インフレーション)で、物価が高騰する状態である。

われわれが安定した日常生活を営むためには、物価が安定していることが望ましい。二〇〇〇万円でマンションを購入しようとして貯金していて、翌年そのマンションが三〇〇〇万円になっていたら、貯金することがばかばかしくなってしまうだろう。それではと、二〇〇〇万円でマンションを購入したとして、翌年一〇〇〇万円だったとしたら、損した気分になってしまう。この場合、マンションの値段が下がるだけでなく、給料も減らされるので、ローンが支払えなくなってしまう恐れもあるのだ。多くの人が何ら悪いことをせず、真面目に働いていたにもかかわらず、ローンを支払うことができずに、マンションを手放してしまう悲劇を生みかねない。

それではデフレとインフレはどちらがいいのだろうか。どちらも、急激な変化は問題ありだが、どちらかといえば、インフレの方がよいとされる。給料は下がったとしても、物価も下がるのであれば変わらないと思うかもしれない。それでは何故インフレの方がよいのだろうか?

現在、私たちの経済の根幹にあるのは銀行である。銀行は多くの会社にお金(資金)を貸している。このことは資金を融通するという意味で融資という。会社は普通、メーンバンクといわれる特定の銀行を頼りにしながら融資を受け、取引をするのである。

会社は銀行からお金を借りる場合、その借金の返済の肩代わりとして必ず担保を提供する。土地などが担保とされることが多い。一〇〇〇万円借りるのであれば、一〇〇〇万円相当の担保を提供する必要があるのである。会社が返済することがなければ、その担保が銀行のもとに入ることになる。

さて、こうした仕組みを念頭に置きながら、デフレの状況を見てみよう。デフレとは、物価が下がることを意味するが、このことは担保の価値を下げることを意味した。一〇〇〇万円の土地が翌年になると九〇〇万円になるのであれば、銀行はその土地で一〇〇〇万円のお金を貸すわけにはいかないだろう。逆に、一〇〇〇万の担保が翌年一一〇〇万円の土地になるのであれば、銀行は一〇〇〇万円のお金を容易に貸すことができるだろう。つまり、デフレの場合、銀行は会社への融資を渋る(貸し渋る)ことになるのである。こうなると、お金の流れが悪くなり、金詰りを起こすことにもなりかねない。

それでは、インフレとデフレは、何故起きるのだろう? 原因は、大きく二つ挙げられる。一つは、物が不足したり、余ったりしたときである。お米を例にしてみよう。ある年に冷害や雨天続きで生産高が減少した場合、米価は高くなる。逆に豊作の年は米価は安くなる。つまり、需要と供給のバランスが崩れたときに価格の変動が起きるのだ。もう一つは、市中（国内）に流通する通貨量の多少によって、物価が変動する。つまり、市中での通貨量が増えれば、それだけ通貨の価値が下がり、物価が安くなる。逆に、通貨量が減れば、物価が高くなるのである。

今回の藩札の一件は、必要以上に市中に通貨（＝藩札）が流通したことが、結果として通貨の信用を下げることとなり、結果、インフレを招くことになった事例であるといえるだろう。

第二番目は、嘉永五年（一八五二）にとられた政策＝平価切下げについて述べておこう。日本では円という通貨が使用されているが、世界にはドルとかウォン、ユーロ、元などさまざまな通貨が流通している。現在一ドル＝一〇〇円程度で推移しているが、これら国内通貨と国際通貨の関係が安定的な関係を維持しているということは重要な意味がある。現在、ドルが国際通貨のなかで基軸通貨として機能している。政府は、貨幣の基準（本位制度）の決定や変更を行う。これを本位政策と呼ぶ。

政府が行う政策として、貨幣基準を下げる方法は、平価切下げとデノミネーションと呼ばれる二つがある。平価切下げとは、本位貨幣一単位の価値を切り下げることを意味する。その原因は三つほどあげられよう。一番目は、インフレによって見られる貨幣価値の下落を追認し、その水準において通貨価値を安定させるために実施される場合である。二番目は国際的なデフレーションによる国内物価の割高を是正しようとする場合である。この場合、国内だけの理由ではないだろう。そして、三番目は、他国の平価切下げに対応して、自国の貿易上の不利を避けるために行う場合である。これも、二番目と同様に国内の理由だけによるものではない。二番目、三番目の場合は世界経済に対応したものといえるが、一番目の場合は、自国のみ通貨価値を下げることになるので、輸出入に大きな影響を与えることになる。なぜなら、平価切下げを実施することは、円の価値を下げることになるので、自然円安という現象になるのである。たとえば、これまで一リットル一〇〇円で手に入れることができたガソリンが、円の価値が下がって一二〇円となれば（輸入品が高くなる）、生活にも大きな影響をもたらすだろう。輸出入品の関係で日常生活に影響を与えることになるのである。

また、デノミネーションは一般にデノミと呼ばれ、貨幣単位の呼称の変更を意味する。平価切下げとデノミは同時に併用されることが多いが、広島藩の場合も、先の一番目の要因（インフレによる貨幣価値の下落を追認して実施）に基づく平価切下げを実施したものといえるだろう。

また、日本国内の現在の状況を打開するために囁かれるのがデノミネーションの主張である。現在の円という通貨の数字の大きさを一〇〇分の一にしようとする「一〇〇分の一デノミ」という主張がある。この主張は、三つの立場から主張されている。①このデノミによって需要が喚起されるという立場、②一〇〇分の一デノミにすれば、おおよそ一ドル＝一円となり、円の威信が回復するという立場、③計算が簡便化するという立場、などというのが一般的であるようだ。ただ、実際は、単に貨幣呼称を変更するだけではなさそうである。その伏線には、実態として同様な現象として見られる平価切下げの要素もあるかもしれないのである。

広島藩の改印札発行（嘉永五年）というのは、五〇〇分の一に切り下げて、新たな札と交換することを主張したものであり、まさに平価切下げといえるだろう。ただ、これは、「皆さん、十二月二十五日までにお金を持参して下さい。これまで使用していた五〇〇万の福沢諭吉のお札を持参してくれれば、新しい一万円札とお取り替え致します。なお期限までに取り替えない場合は、旧札は使用できなくなります。悪しからず」と言っているようなものである。もちろん、本文にも記した通り、この藩札切替えは、藩内で混乱を極めることとなり「国家之大恥辱」とまで酷評されるありさまだったのである。

第三番目は紙幣の性格についてである。私たちは、一万円札を見れば、非常に大事にしまっておくだろう。それでは、もしあなたが冒険家であったとして、砂漠にさまよい、やっとたどりついた町で水一杯を飲もうと、住人に貴重な一万円札を手渡したとしよう。どのような反応があるだろうか。きっと、受け入れてもらえないだろう。一万円で水一杯も飲めないのである。彼らにとって、一万円札なんか紙屑同様なものである。それよりも、一〇〇円ショップで手に入れた腕時計の方が喜ばれるに違いない。金や銀は、それ自体に、価値があるが、紙幣はそれ自体には価値がなく、信用の裏付けを必要とするのである。

私たちが手にしている一万円札は、日本銀行券と呼ばれる。日本銀行は「銀行の銀行」と呼ばれ、銀行（市中銀行）への貸付業務を行うとともに、「国内唯一の発券機関」である。ほかにも「政府の銀行」とも呼ばれ、国庫金の出納業務を担っている。日本銀行は政府から独立し、金融政策の運営が行われる。私たちのお札は、この日本銀行に対する信用を前提として使用されている。たとえば、私たちが一万円札で米五〇キロが買えていたものが、翌月になれば、二〇キロしか買えなかったとしよう。さらに翌月には米すらも買うことができず、鉛筆一本しか買えないことが予測されれば、そのとき、すぐに必要ではなくとも、今のうちに物を買おうとするはずである。こうして人々が買い物に殺到すると、物不足となり、急激なインフレを招くことになる。現在、このような事態が起きないのは、お札に対する信用、ひいては日本銀行に対する信用があるからである。

江戸時代は三貨制度と呼ばれ、金貨、銀貨、銭貨が幕府公認の貨幣として、全国に流通していた。ちなみに銭貨は全国的に流通していたが、おおむね金貨は東日本、銀貨は西日本に流通していた。江戸時代初頭は、世界でも有数の金銀採掘量を誇っていた。マルコ＝ポーロが日本のことを「黄金の国」と呼んだが、まんざら嘘ではないのである。ところが、金山、銀山も江戸時代の中ごろになると、しだいに減少するようになっていく。また同時に、国内の経済規模が拡大することで市中に出回る貨幣量が増大するようになったのである。こうしたことから、国内における流通貨幣が不足するようになっていく。こうした貨幣不足を補うことを意図して行われたのが、藩札の発行であった。

藩札は、藩内でのみ流通することを認めた紙幣（お札）のことで、幕府の許可を必要とした。福山藩が寛永七年（一六三〇）に発行したのが始まりといわれ、一時中断するが、近世中期（享保期）以降全国各藩で藩札発行が行われるようになっている。藩札の発行高も届け出を義務付けていたが、しだいに形骸化するようになっていく。

広島藩では、宝永元年（一七〇四）に初めて藩札を発行して以来、同四年（一七〇七）から享保十五年（一七三〇）まで一時期中断するものの明治四年（一八七一）の廃藩置県に至るまで発行されている。それでは、本文のポイントを三点紹介しておくことにしよう。

第一は、藩札発行と藩政改革との関わりである。藩札発行とその発行高は幕府の許可を必要とし、二五年ごとに更新の許可を得ている。各藩が藩札発行をすることでの最大のメリットが、この藩札（自分で自由に作ることができる紙幣）を藩内に流通させ、それを資金として産業育成や土地開発などといった藩政改革を具体的に実施できるという点にあった。実際、広島藩でも、こうした取組みがなされ、これによって、広島藩の経済規模が拡大し、文化・文政期は、好景気を迎えている。安芸木綿など、この時期育成された産業が近代以降も特産品となっていくのである。そして、こうした産業育成が展開するなかで、商品を藩が吸収し、大坂の商人と結びつき、大坂での換金を実現したのである。そして、大坂で得られた正貨（金貨・銀貨）は、

表4　弘化4年と嘉永5年の改印札発行の違い

	弘化4年の改印札	嘉永5年の改印札
交換比率	40掛相場，1：40	500掛相場，1：500
札元(関係商人)	広島城下町商人	大坂商人
交換のあり方	旧札，新札併用を認める	新札への全面切替え
引替え準備金	準備せず	大坂商人から借銀し準備(5万9000両)
その他		綿座切手など私札も一緒に対応

藩自身が有して、江戸屋敷などの費用として充当し、藩内へはこのように藩札で支払うこととしたのである。藩内では、藩札を強制通用（藩札以外は通用させない）することで、藩内の民衆にも浸透させることとなったのである（実際には銭も通用）。

第二は、千草屋の仕法書案に注目したい。この仕法書案は受け入れられなかったものの、広島藩の一〇万両もの借金要請に対し、五万九〇〇〇両で足りるとし、さらに五万九〇〇〇両のうち四万両は四軒組合が負担し、一万九〇〇〇両は、他の銀主、口入などから借り入れることを指摘している。つまり、一家だけで、広島藩から要請された借金を受け持つにしては高額なため、数軒によって借金を受け持つことで、危険を分散させたのである。藩が財政窮乏で潰れることはあまりないにせよ、このように危険の分散を意図して、複数の商人が藩の債務を負うことはしばしばあった。しかも、こうした商人たちは、単に藩に金銀を貸与するだけでなく、財政政策などに対して注文することもしばしばあったのである。

第三は、弘化の改印札と嘉永の改印札の比較である。もっと述べると、弘化の改印札では失敗し、嘉永の改印札では成功したということをどう理解するかということである。表4を参照しよう。つまり、弘化の改印札の段階で解決していれば、四〇掛相場ですみ、嘉永の改印札のような五〇〇掛相場にまで至らずにすんだはずである。もちろん、状況認識が甘かったことによるわけだが、その甘さとは、弘化の改印札の段階では、全面的な改印札への切替えはせず、当面は旧札の使用も認めていた。さらに、地元両替商に任せていたのである。このため、旧札と新札のあいだで混乱を生ずるとともに、地元両替商では信用されず、結局、物価高騰への歯止め（札の信用の回復）にはならなかったのである。それでは、嘉永の改印札のときはというと、旧札と新札を全面的に切り替えている。しかも、五万九〇〇〇両を大坂商人から借り出すことで、正貨準備金（いつでも正貨と交換できる）を用意したのである。これによって、五〇〇掛相場という点に対する不満は出されるものの、切替えに成功したのである。

●歴史学の視点から●

藩札の位置付けについて、政府紙幣か信用通貨かという議論が古くからある。すなわち、政府紙幣であるという意見は、藩札の強制通用に注目した意見であり、信用通貨という意見は、藩札と正貨（金貨、銀貨、銭貨）の兌換性に注目した意見である。今回の広島藩を例にすれば、藩札は藩内で強制通用していることから、政府紙幣であるといえるが、弘化・嘉永期の混乱の様子を見ると、とても強制通用が徹底されていたとはいえず、信用通貨の側面があったといえるだろう。また、藩札は、藩内流通が中心として理解されるが、藩領域を超えて流通する場合もあった[1]。

ただ、政府紙幣か否かを問うだけでなく、現在は、むしろ藩札研究を積み重ね、藩政改革との関わりや、幕藩関係の問題、さらには、三貨との関係を検討していくことが大事である。

1　瀬島宏計「近世初期の藩――元禄・宝永期の津山藩銀札を中心に――」（『日本史研究』第四七一号、二〇〇一年）。

第五章　慶応二年の江戸の打ちこわし

はじめに

慶応二年（一八六六）五月二十八日、夜五つ時（午後八時）ごろ、南品川宿一帯の居宅合計二四軒の打ちこわしが起こった。以後、翌月六日までの約一週間、江戸町内の各地で、打ちこわしが発生することになる。

幕末の大きな社会情勢の変化は開港である。嘉永六年（一八五三）六月、アメリカ東インド艦隊司令長官ペリーが、軍艦四隻を率いて浦賀に来航した。

泰平の眠りをさます上喜撰（蒸気船）
たった四はい（四隻）で夜もねむれず

とは、教科書にまで出てくる落書である。ちなみに喜撰とは茶の銘柄のことだが、蒸気船とかけたものである。このときは、幕府は久里浜でアメリカ大統領のフィルモアの国書を受け取り、翌年回答することとなった。そして結局、翌嘉永七年（一八五四）三月に、日米和親条約を結び、下田、函館が開かれることになった。さらに、安政五年（一八五八）六月、日米修好通商条約の調印により、神奈川、長崎、新潟、兵庫が開港することとなったのである。翌年、神奈川（横浜）、長崎、箱館を開港したが、以来、この貿易によって、海外へ物資が流出し国内の物資が不足したことで、さらに諸物価が高騰したといわれる。

「いわれる」というのは訳がある。諸物価の高騰した理由が、海外輸出により物不足になったという事実は、あまり実証されていないからである。実際、幕末期における主要な輸出品は生糸と原綿がほとんどで、あえてそれに加えるとすれば茶であった[1]。つまり、生活必需品が開港のために輸出されてしまったというのは、事実とはいえない。だから、諸物価高騰というのは事実であったとしても、国内の物資が全体的に減少したというのは、必ずしも事実とはいえない。むしろ、万延元年（一八六〇）に実施された貨幣改鋳などを要因の一つとして考えるべきである。ただ、当時の史料では「諸品払底」という文言は散見できるし、そういう認識があったのも事実である。そうした認識に基づいて、外国貿易への批判があったのである。

江戸で物資が不足していたのも確かである。万延元年閏三月には、生活必需品として重要な物資五品（雑穀、水油、蠟、呉服、生糸）は、開港場である神奈川湊へ直接運び込むのではなく、江戸の問屋へ廻送することを命じた五品江戸廻送令が出されている。このことを考えると、この時期、日本全国で物資が不足したというよりも、集散市場としての江戸の求心性が低下したと理解した方が正しいだろう。

このように、江戸の市場としての求心性が低下した慶応二年、第二次長州戦争が行われた。各藩は兵糧米の確保を行い、米不足が社会問題となったのである。

『百姓一揆事典』を参照しよう[2]。この年は、日本各地で農民一揆や打ちこわしが激化した年であった。

慶応二年における江戸での打ちこわしについては、いくつかの研究成果を見ることができる[3]。また、北原進氏が翻刻された成果がある[4]。ここでは、この北原氏が紹介された史料を中心としながら、慶応二年の打ちこわしについて紹介していくことにしよう。

1 各地の打ちこわしの様子

江戸の打ちこわしに先立ち、各地での打ちこわしが見られる。大坂近在では、五月十四日に起きている。銭一〇〇文で米一合二勺を売り出し（一升当たり八三三文）、さらに値上げが予定されていたことから、生活に困窮するということで、未の中刻（午後二時）ごろから人々が続々と集結し、堂島をはじめとして、各地の米問屋、仲買、舂米屋を打ちこわすことになる。そして十四日夜には二〇〇〇人から三〇〇〇人が参加し、米屋渡世の家の打ちこわしが始まったのである。九つ時（真夜中零時）には人数はさらに増え、市中の諸問屋や物持ちの家が打ちこわされた。さらに、翌十五日には、参加者は五〇〇〇人から八〇〇〇人にまで膨れ上がり、各組に分かれて各所の打ちこわしがなされたのである。ここに至って、大坂町奉行所は、東西の両奉行所から与力・同心総出で総員を出動させ、鎮圧にあたっている。そして、十五日の夕方六つ時（午後六時）ごろ解散する。

被害は甚大であった。着物や家具類は裂け潰され、家屋の壁は落とされ、多くの瓦なども残らず斧で打ち割られ、さらには引き潰された家も多く見られた。

この打ちこわしによる効果はてきめんだった。表1を参照しよう。打ちこわしが始まる前は、米相場は一升当たり九一〇文であったのが、打ちこわしが落ち着いた十五日夜六つ時には七分の一程度の一三二文となり、十六日には一〇〇文にまで引き下げられている。ちなみに、江戸時代の量の単位は石（一石＝一〇斗＝一〇〇升＝一〇〇〇合）であり、一人当たりの一年間の米の消費量は一石といわれている。

このときの大坂での打ちこわしの特徴として注目できる点は、打ちこわし自体は行われるものの、そこで出された米や金品を強奪するようなことが見られないという点である。つまり、史料の言葉を引用すると「米穀金銀往来ニ山の如く打捨有之候、誰ありて拾ひ取ものも無之……」と、米穀や金銀は道に捨てられており、それを拾って取るようなものは誰一人いないのである。打ちこわし対象の家の金品を路上にさらけ出すことで、「この商人は、あるにもかかわらず、出さない」と、打ちこわしの正当性を主張したものといえるのである。打ちこわしという行為を通じて、「いくらで買う」という押買主張の示威行動がなされたものといえるだろう。このような状況について、宮崎克則氏は「打ちこわしは対象とする家の『私欲』を追及し、『私欲』の実体を破壊して明らかにする行為であった」と、指摘される(5)。

表1　大坂での打ちこわしによる米相場

日	時　間	米相場（１升に付）
５月14日		910文
14日	７つ時	800文
14日	６つ時	648文
14日	５つ時	500文
14日	９つ時	400文
15日	朝	300文
15日	９つ時	250文
15日	７つ時	200文
15日	６つ時	180文
15日	夜６つ時	132文
15日	夜５つ時	124文
16日	朝	106文
16日	夕	100文

小田原城下（現神奈川県）でも、五月十九日に、打ちこわしが始まりかけていた。当時、一升当たり七六九文に引き上げることとなったために、城下町に早太鼓が打ち鳴らされた。そして、城下の米屋は集合し相談することになった。これは、この相談に参加しない米屋は打ちこわすと、民衆が大声で触れ回ったことによる。一方、打ちこわしに参加すべく数百人もの人々が短時間に集合していた。こうした状況のなか、酒造家や大商人などは、酒や白米、味噌、漬物などを持参し、大釜で炊出しを行った。さらに人々は、竹槍や斧や大槌などを各所から集め、紙幟

を仕立てている。これに対して小田原城下の町奉行、目付役が出動し、事情を聞いたところ、民衆は米価や諸品が高値であることを理由に打ちこわしを実行することを主張したのである。しかも、「快く上の御仕置を請可申候と決心仕候間、御構被下間敷と相答候……」と、打ちこわしの結果の処罰を甘んじて受けることを述べたのである。これを受けて、町奉行所は、民衆に対し暫時待つことを指示するとともに、米屋を召集し値下げを命じている。かくして、白米の値段は、一升当たり八三三文であったのが四〇〇文となり、夕方には二〇〇文になっている。さらに、最終的には一五四文にまで引き下げられ、打ちこわしはなされないまま解散した。このように、町奉行が間に立ち、米価の引下げを命じた例も見ることができる。

また、奥州瀬之上においても、一五～一六人程度集まっている。そこで、鐘太鼓を鳴らして人を集めたところ、一四〇〇～一五〇〇人程度が集結し、二十三日から打ちこわしが開始されている。桑折、藤田、貝田、宿々木戸付近をはじめとして、米沢道、羽州道、小坂越、新庄、秋田海道などの宿々が打ちこわされている。桑折代官所にも乱暴が行われている。福島藩や二本松藩などの役人が出動するものの、手出しできず、桑折銀山や半田役所など町々が焼き払われるということで、仙台藩白石城主片倉小十郎、亘理城主伊藤藤五郎などが自身で出馬し諭すことで、落着している。こうして二十六日には一升当たり一貫目であったが、一八二文にまで引き下げられ販売されたのである。このため、「壊候ものを米下ケ明神と風評致候」と、打ちこわしにかかわったものは、米下げ明神といわれ、讃えられたのである。

2　慶応二年五月、江戸市中の打ちこわし

慶応二年（一八六六）五月の江戸打ちこわしの動向については、南和男氏の研究が詳しい(6)。簡単に整理しておこう。

慶応二年五月二十八日、夜五つ時（午後八時）ごろ、人々は南品川の裏手に当たる本覚寺境内に集合することにし、太鼓を打ち鳴らし、しばらくすると、鳶口か棒のようなものを持参した。十五、六人が集まり、南品川宿春米渡世利右衛門の家を最初に、南品川宿と北品川宿の打ちこわしが始まったのである。

打ちこわしは、しだいに参加者を増やしており、五、六十人にまで及んでいる。対象は、春米屋もあったが、質屋や呉服屋なども含まれていた。内容は、家屋全壊ではなく、障子や板戸、窓障子、格子戸などの破壊が中心であった。ちなみに、升酒渡世で打ちこわされた又兵衛は、取調べに対して、「一己の利潤ニ迷、格別高直に米穀売払候より右始末ニ至り候儀ニは無之哉、御糺御座候え共、右等の儀決て無之、御府内同様渡世の者取引相場ニ見合、相当の売買致候儀ニ御座候」と、価格の高騰は当時の経済状況によるものであり、不当ではないことを主張している。同様に、旅籠屋権八も「旅籠銭の儀は、先例取極も増方の義、去ル丑年中、同渡世向のもの一同相談の上、議定取極、宿役人共へも届置候儀ニて、右の外余分の金銭等、更ニ請取候儀は無御座候」と、相応な旅籠銭以外は徴収していないことを主張している。商人としては、売惜しみなどによって不当な取引をしていたわけではなく、むしろ、当時の物価高騰に対応したものであることを主張したのである。この主張は取調べに伴う弁明ということもあるだろうが、そんなに間違ってはいないだろう。

さらに、翌二十九日亥刻（午後十時）ごろから、打ちこわしが再開している。太鼓が鳴り、本芝付近に四、五百人程度集まっている。そして、芝一丁目から三丁目に至る米仲買や春米屋は残らず打ちこわされ、さらに芝田町一丁目から六丁目までの米仲買屋をはじめ、春米屋などが打ちこわされている。そして七丁目にまで至ったところで、市中廻りに出ていた酒井左衛門尉の一行と出会ったことから、引き返し、再び西応寺町で打ちこわしが開始されている。ここからは、米屋だけでなく呉服屋、薬種屋、酒醤油屋、炭薪屋、油屋などの諸商売の商家までもが打ちこわされ、とりわけ、浜松町四丁目から二丁目においては激しく打ちこわされ、さらに中門前浜松町四丁目から二丁目まで打ちこわしが行われている。

この打ちこわしを受けて、勘定奉行小栗豊後守（忠順）、町奉行池田播磨守が談判を行っている。それによれば、米の蔵相場（米一〇〇俵相当）が一八〇両であり、相場として妥当な額であるために引き下げるわけにはいかないことが確認されている。そして、「御蔵米相場引下ケは御書付安相場、正米御払は以前同様内相場と唱へ、御下ケ無之ニ付、米屋共驚入、再ひ高直ニ相成……」と、蔵米相場を引き下げることで米価が一時的に下がったのであるが、結局実際は高値で売られることで、すぐに米価が高値となった。そして、打ちこわしが収束した六月一日にも、一〇四両（米一〇〇俵相当）にまで引き下げられている。ただし、このときも、あくまでも張札として出された値段であり、実際の正米の値段は高値であることから、実態とは異なっていたのである。こうした状況に対して、春米屋がとった行動は、「金百四両百俵と申は空御直段ニ候間、舂米屋共大ニ相違、依て昨三日一同相談の上、所持米丈ケ売切、渡世相休むと決談と申之」と、張紙値段で値下げするといっても、実際の販売段階での値段は異なっており、舂米屋としては米の仕入価格が高いことから、結局、手持ちの米だけを販売し、あとは休業にすることが決められたのである。

さらに、素人売を対象とした米の放出の町触れが出され、当初は米の値段が一〇〇俵相当一〇五両であったのが、二五〇両にまで高値となっている。そして、救米を受け取ることを希望し、五人なり三人なりと小売人が組み合い、一俵や二俵の購入を希望したのであるが、勘定奉行小栗豊後守（忠順）からの差図米は一切なく、もしあるとしても、高値であるとしたのである。このような結果、不満が募り「御触故ニ罷出候処、偽謀の事是迄出候も入用掛、市中白米の直段より高直抔とハ、御勘定ニては無之、無勘定奉行小栗豊後守を申也と悪し……」と、勘定奉行小栗豊後守の批判にまで及んでいる。

こうした混乱のなか、商家が中心となった施行《せぎょう》が実施されることで、事態は鎮静していくことになる。

3 施行の実施

品川宿において、打ちこわしが行われた翌々日の六月一日、今川要作の手代に対して請書が提出されている。史料1を参照しよう。

〔史料1〕

差上申御請書の事

一昨廿八日夜、何方の者共不相知、大勢相集り宿内乱妨ニおよひ、利左衛門外弐拾三人居宅等打毀候段、御訴申上候ニ付、各様被成御越、夫々御見分御糺等請、先鎮静の儀ニは候え共、左様人気立候折柄故、此上猶何様の儀出来可申も難計、右は畢竟水呑百姓又は其日稼・裏家住等の者、諸物価沸騰の折柄、当日営方ニ差支、右等の次第ニ至り候儀ニ可有之間、当時米金等夫々施し申ニは御座候えは、此上共人気合篤と差量り、身元相応の者共申合、夫々身分ニ応し出金等いたし相救可申、右は平常妻子安穏ニ扶助いたし居候冥加を相弁へ候え共、心得違の儀無之様、私共より申通候様可致、且此上万一右様の義有之候ハヽ、早速差構方等行届候様、夫々兼て手配いたし、不目立様取締向厳重心附可申段をも

被仰渡、承知仕候御請書差上申候、以上

慶応二寅年六月朔日

品川歩行新宿百姓藤七、名主庄十郎

北品川百姓鳥山又七、南品川百姓惣左衛門、名主安之助

今川要作様御手代　浅野又左衛門殿　西山儀武右衛門殿

史料1は、打ちこわしに対して隠密かつ厳重に取締りを行うことを承知した請書である。ただ、それによれば、この打ちこわしの参加者は、水呑百姓や日用《ひよう》、裏家住いなどといった貧窮者であり、当時の物価高騰による生活の困窮に耐えかねたことを指摘し、身分に応じた米金の施しが必要であることを主張している。打ちこわしの阻止に対する町内の取締りは厳しくするとしながらも、逆に当時の経済状況で、貧窮者は困窮

単　位	備　考
一軒別	
一軒別	
一軒別	夜商人へは金1分ずつ
一軒別	
一軒別	
一軒別	
一軒別	
一軒別	3店にて約980軒，町人1人へ金1両ずつ
一軒別	
一軒別	
一軒別	
一軒別	
一軒別	
一軒別	
一軒別	他3か町へ一軒ずつ1分
一軒別	
一軒別	
一軒別	出入の者600人にも白米1斗ずつ
一軒別	出入の者300人にも10貫文ずつ
一軒別	
	隣町まで金1分ずつ
全体で	
一軒別	
一軒別	
一軒別	
一軒別	

表２　施行の実施動向

施行主体住所	施行主体名	施行の対象	金額
日本橋新右衛門町	川村伝左衛門	38か町	金２分ずつ
よし町	よし屋留右衛門	居町近辺８か町	金１分ずつ
通一丁目	近江屋三右衛門，近江屋惣兵衛，近江屋作兵衛，まつ屋	通一丁目	金２分ずつ
通一丁目	白木屋彦太郎	居町近辺10町	金２分ずつ
通四丁目	近江屋・大文字屋・角石	居町	金１両１分ずつ
南伝馬町三丁目	太刀伊勢屋他十四軒組合	居町	金１両１分ずつ
日本橋品川町裏魚河岸	廻船問屋利倉屋・銭屋	出入船頭車力，その他（1,008人余り）	金１分ずつ
檜物町	山本三四郎，田原屋，他八軒組合	居町	金１両１分ずつ
駿河町	越後屋八郎右衛門	８か町	金３分ずつ
通一丁目	黒江屋太兵衛，須原屋茂兵衛，国分勘兵衛	居町，隣町	金３分ずつ
通一丁目	山崎屋伊右衛門，外七軒組合	居町，隣町	金２分ずつ
三十間堀七丁目	鳥羽屋清左衛門	居町８か町へ	金１分ずつ
御蔵前町	七軒組合	居町，隣町	金３分ずつ
深川六間堀	三軒組合	居町	金３分ずつ
日本橋呉服町	伊勢屋吉之助	居町外６か町	金２分ずつ
日本橋呉服町	町木屋，角万組合	居町	金２分ずつ
深川堀川町	久住五左衛門	居町	金１両ずつ
四谷伝馬町	四軒組合	居町３か町	金１両ずつ
新川	鹿島清兵衛	５か町	白米１斗ずつ
麹町	越前屋又四郎	居町10か町	10貫文ずつ
千住小塚原	三軒組合	居町	金１分ずつ
通旅籠町	大丸屋正右衛門	出入の者	金１両ずつ
日本橋大革屋町	三谷三九郎	家数531軒へ	金1,500両
品川新宿	三軒組合	隣町まで	金２分
赤坂伝馬町	三軒組合	居町３か町	金２分
本郷四丁目	五軒組合	居町，隣町	金１分
神田	七軒組合	隣町まで	金１分

単位	備考
	ほかに100余人に三朱ずつ
一軒別	
	出入の者へ１両ずつ
一軒別	
名主へ割付依頼	
一軒別	
一軒別	
一軒別	
一軒別	
一軒別	
一軒別	
一軒別	
一軒別	
一軒別	
一人別(15日間)	

を極めており、看過できないという窮状を訴えたのである。

こうしたときに行われたのが施行であった。各商人によって、取組みの内容はさまざまであったが、この施行を行うことで、打ちこわしから逃れることができている。

仙波太郎兵衛は、芝田町八丁目で、江戸十人衆のなかにも入るような大富豪であった。この仙波は、一時的には打ちこわしから免れたものの、その危険が回避できないとして、町名主支配一三か町の一軒に一分ずつの施行を行うこととしている。それに対し糀屋はどうであったであろうか。史料2を見てみよう。

〔史料2〕

一品川在大井村百姓ニて商人、大富家糀屋と申もの、諸々ニて此節米金施行致候ニ付、村内へ少々ニても施行可被致と、村役人其外とも相勤メ候処、不取用、其上村内幷浜川の者を差悪口申候始末、一同

施行主体住所	施行主体名	施行の対象	金　額
新川	八軒組合	新川18か町裏店まで	金１分
本所相生町	三軒組合	３か町	銭３貫文ずつ
本町四丁目	四軒組合	居町表住	金２分
内藤新宿	施し金の内から	宿内へ	金２分
小石川水道町	二軒組合	居町へ	金２分
芝田町八丁目	仙波太郎兵衛	13か町へ	金２分（または金１分）
	加藤与助，万屋正兵衛，あみ屋，まつ屋吉兵衛	居町，車町，隣町伊皿子まで	金１両（または１分）
金吹町両替店	播磨屋新右衛門	両隣町店々へ	金1,000両
芝車町	伊勢屋与右衛門	居町，隣町まで	金１分
芝車町高輪町	天満屋・宇田川・田中・丹清・仙波弥右衛門・内田甚助・加田村五兵衛・万屋清右衛門	居町，隣町まで	金２分
芝高輪	泉岳寺	門前町々へ	銭１貫文
芝高輪北町	津国屋市兵衛	居町裏家へ	銭２貫500文ずつ
日本橋本船町	米屋二軒組合	居町（480軒）へ	銭２貫文ずつ
牛込神楽坂	二軒組合	居町へ	金１分２朱ずつ
神田泉橋	嶋野屋平六	居町，隣町まで	金２分ずつ
日本橋元四日市	明石屋治兵衛・柏原角兵衛	居町へ	金１分ずつ
市ヶ谷御門外田町	六軒組合	田町四か町へ	銭６貫文
南茅場町	竹川彦太郎	居町，隣町まで	金２分ずつ
浅草田原町	三軒組合	居町	金２分ずつ
芝二本榎町	万屋藤兵衛	居町	銭１貫500文ずつ
芝二本榎町	池田屋油店	居町	銭１貫文ずつ
	酒屋・米屋・大工組合	居町	金３朱ずつ
三田一丁目	八軒組合	居町裏家	白米５合ずつ（１日当たり）
芝二本榎町	万屋・米屋・組屋大坂屋八軒組合		
魚籃坂下中道寺前	舂米屋	居町裏家	金１分

聞留、十六日夜九ツ時頃多人数押行、門扉雨戸打壊ち乱入、米蔵十二戸前、壁瓦迄震ひ捨、米は不残往来へ振り敷、金銀銭共蒔ちらし、建家家財打壊し、九ツ時より六ツ半時迄、七八百人のもの共ニて打毀ち打潰し、縄ニて建家不残引崩し候よし

糀屋の場合、周囲の忠告を最後まで無視し、施行を行わないがために、十六日夜九つ時（零時）ごろ、七、八百人ほどに、米蔵一二戸の壁瓦まで震い捨てられ、さらに米・金銀銭などはすべて道へ撒き散らかされ、さらにすべての建屋は縄で引き崩されて、家財など一切を打ちこわされたのである。

ちなみに、この時期行われた施行の動向は表2の通りである。施行の方法はさまざまあることがわかるだろう。それは、一般的な方法としては、居町と周辺の町を対象に一軒別に金子（一部に白米）を与える場合があるが、それだけでなく、日本橋品川町裏魚河岸に所在した廻船問屋利倉屋や銭屋などのように、船頭や車力など出入の者一〇〇〇人程度を対象に施行を行う場合や、金吹町両替店播磨屋新右衛門のように、名主を通じて金一〇〇〇両を割り付け与えることを願い出る場合など、さまざまあった。

いずれにせよ、このような施行を実施することで、打ちこわしの対象から外れることができたのである。

ただ、その後も「右の外、市中諸々施行致候商家多有之候ニ付、暫く物静ニ相成候処、又々御蔵米相場一時ニ高直ニ相成候ニ付、市中舂米屋も、自然と高直ニ動シ申候、無拠義ニて可有之哉、世上一般の患也、打壊し明神出共、無是非形勢、可恐事共也と専申之事」と、施行があったとしても、米価が高値となることで打ちこわしに向けた動きは見られるのである。

おわりに

慶応二年（一八六六）の打ちこわしについて紹介してきた。江戸の町内各地に展開した打ちこわしは、各地で商人による施行が行われることで、一応の収束をみることになる。しかし、米価政策としては抜本的な対応がなされたわけでもなく、その後も米価の高値は続くことになる。八月二十四日には、米価が高値であることから、町会所の囲穀を市中の舂米屋へ下げ渡し、一〇〇文で二分五勺の割合で売り渡すようにしている。さらに九月十八日には、神田佐久間町広場に小屋を建て、朝夕に賄いが行われている。しかし、九月二十日の「御触帳」によると、「今般米価高直ニ付、諸人難儀之趣相違も無之候得共、貧窮人共往還広場へ屯集致居商人共より施行を乞募り候趣、押借ニ等敷左迄困窮ニ不至もの迄相進メ……」と、米価が依然高騰が続くことで施行の強要が行われ、さらには「押借」などが行われ、社会問題化していくこともあったのである。このように、江戸の都市問題は、問題点を多く孕みながら、明治維新を迎えることになるのである。

註

（1）拙稿「幕末期商品流通の展開と関東市場」（『関東近世史研究』第四一号、一九九七年）。
（2）『百姓一揆事典』（民衆社、二〇〇四年）。
（3）南和男「慶応の打ちこわしと下層民の動向」（『幕末江戸社会の研究』吉川弘文館、一九七八年）、松本四郎「都市の民衆」（『日本近世都市論』東京大学出版会、一九八三年）、吉田伸之「施行と其日稼の者」（百姓一揆研究会編『天保期の人民闘争と社会変革　上』校倉書房、一九八〇年）、天明の打ちこわしを例にした、岩田浩太郎「打ちこわし

と民衆世界」（高橋康夫・吉田伸之編『日本都市史入門Ⅱ　町』東京大学出版会、一九九〇年）。
（4）北原進「慶応二年（一八六六）、江戸打壊し騒擾記録二種」（『東京都江戸東京博物館研究報告』第四号、一九九九年）。以下、本章での引用史料は、すべて同史料である。
（5）宮崎克則「戦争と打ちこわし」（岩田浩太郎編『民衆世界と正統　新しい近世史5』新人物往来社、一九九六年）。
（6）南和男「慶応の打ちこわしと下層民の動向」（『幕末江戸社会の研究』）。

●この事例のポイント●

「江戸時代には、各人で物の値段を決めていた」、こう指摘しても、今の私たちにとってはわかりづらいだろう。われわれにとって、値段は定価として、すでに決まっているものであり、それは妥当な価格なのだと思うだろう。現在決められている価格は需要と供給の結果であり、決して勝手に決められているわけではない。また、もし「値段が高いと思うのなら、買わなければよい」「高くて売れないというのであれば、安くするのだから、それまで待てばよい」、そう思うに違いない。否、そう思うのが自然であろう。ただ、現在の日本でも相対売買（売り手と買い手が相談して価格を決める方法）の行われる場所は少なからずある。実のところ、過去はそちらの方が主流だったのである。

中国に行ってみよう。ツアーなどで行くとわからないかもしれないが、自由時間などで一般の店に行くと、商品は相対売買である。一応値段は付けてあるが、値切ると安くしてくれるのだ。その場合、私が心掛けているのは、「いくらまで値切れるか」への挑戦ではなく、その商品を「自分として、いくらだったら欲しいのか」ということである。よく、学生を海外に連れていき、市場などでこの売り買いの様子を見ていると、値切るだけ値切って買わないとか、相手に失礼な値段を主張する者がいる。それはそれで貴重な経験なのかもしれないが、やはり、自分なりに一定の価格を決めておき、その値段なら購入し、そうでなければ買わないという方がよいだろう。このように、海外に眼を向けると、今でも相対売買の方が普通であることを経験で知ることができる。「ぼったくられた」という話をしばしば耳にするが、少なくとも、自身がその値段に納得して購入したのである以上、それが他の人と比べて高くてもあきらめなければならないのである。

話がそれてしまったが、江戸時代の人々は、米の値段について、一定の価格を考えていた。砂糖や醬油の価格で文句を言うことはあまりない。生きるための糧（＝食糧）である米についてのことである。打ちこわしの原因もこうした発想によるところが大きい。打ちこわしとは、ある意味、押買要求（この値段なら買う、この値段にしろという要求）であり、慶応二年（一八六六）の打ちこわしも米価をはじめとした諸品の物価高騰に対する民衆の示威行為として行われたものである。[1]

ただ、商人にとっては困惑することもあるだろう。物価高騰の理由が、商人同士が結託して、高い値段で売っているのであれば、不正を訴えられ打ちこわされてもやむをえないかもしれない。しかし、当時の経済状況で物資が不足した結果として、価格が高騰したのである。「はじめに」でも指摘したように、幕末期は、江戸の市場への求心性が低下していた。しかも、このときは長州戦争のため、各藩は兵糧米が確保されており、江戸での米不足は深刻であったのである。また、米の場合は必ずしもそうとは言えないが、幕末期になると、商人の蔵に商品があったとしても、売惜しみをしているとは限らない。生産地からとりあえず商品を預かっておき、販売できた分で決算するといった販売方法がとられていたからである。それを、打ちこわしの人々に「蔵にあるのに出さないとは何事か」とか、「あるにもかかわらず、売惜しみをしている」などといって打ちこわされるのでは商人の立場としては困惑するだろう。しかも、浅草にある蔵米を張紙値段（＝公示価格）としては安く放出するとしていながら、実際に販売するときには高値にしている。米屋としては、高値で買ったからとして、それに手数料を加えて販売できればよいが、「高値だから値下げしろ」などと主張され、ともすれば打ちこわされるのではたまらない。よって、手元にある米だけを販売して、手元に米がなくなっても購入しようとしないのである。こうして、米不足に拍車をかけることとなったのである。ただ、江戸の町人（とりわけ貧窮層）にとっては、原因はなんであれ生活の糧である米（食糧）の不足は生死にかかわることであったのである。

それでは、幕府の対応はどうであったろうか。先ほど、浅草蔵米の放出を紹介したが、結局高値であり、期待に応えられるものではなかった。町奉行所の門前には「御政事売切申候」という落書が貼られ、勘定奉行小栗豊後守については「無勘定奉行」と揶揄されている。ただし、民衆は、決して幕藩権力と衝突しようとは思っていない。その表れが、打ちこわしの人たちを、奥州の場合は「米下げ明神」と呼び、江戸市中では「打ちこわし明神」と神格化し、その神格化した存在（民衆個々人でなく）が幕藩権力と衝突したのである。結局、米の値段が高くなり、それが決して商人の不正でないとしても、打ちこわしを行いなんとか食糧の確保に奔走した。本当の責任は幕府にあるのに何もせず、刀を振りかざされたり、処罰されては困るので、結局民衆の不満の矛先は商人に向けられたのである。

こういう事態に対し、商人は打ちこわしの鎮圧を幕府に期待することはもはやできなかった。商人たちが行いうる有効な手段は施行であったのである。商人が各町の家に金銭や白米を与え、困窮民への扶助を行うことで解決が図られたのである。結局、幕府権力による政治・行政の窮民政策には期待できず、社会的な相互扶助的関係が大きな意味を果たしたのである。

●歴史学の視点から●

「全ての歴史は階級闘争の歴史である」。マルクスの『共産党宣言』一章の冒頭の言葉である。階級間の矛盾が激化するなかで、その矛盾を打破するための運動こそが歴史を大きく変化させる契機となるのだ。一九六〇年代、七〇年代の多くの学生や労働者は、そんなスローガンに勇気づけられ、社会運動に参加した。歯を食いしばっても、それが時代をよりよい方向へ変える主体になるのだと信じて……。

当時の歴史学界においても、そうした階級闘争史観は、非常に人気があったし、現在でも民衆運動史研究は根強い人気がある。社会の不満に対し、しっかりと主張し、行動する。確かにそれは、歴史の変革の原動力になりうるし、共感を得るところが大きい。江戸時代、暴力という手段を原則として有しない民衆が、自分をどのようにして訴えたのか。黙っていても始まらないのは確かである。もちろん、社会運動に率先して行動する人ばかりが偉いわけでない。真面目にこつこつと働く人もまた素晴らしい。

それはそうと、江戸時代の民衆運動の形態は、一揆、騒動、打ちこわし、訴願の四つであった。一揆は、その語源（揆《みち》を一つにする、道を同じうする）の通り、広義で述べると、すべての民衆運動一般を指すこともあるが、狭義で述べると、近世の場合、民衆と領主権力が直接対峙するようなときに使用する。佐倉宗吾伝説で有名な、村の名主などが代表して将軍へ直接訴える代表越訴型一揆、藩の領民が大挙して城下町などへ押し寄せる全藩一揆などが代表的なものである。

騒動は、民衆が直接領主とは対峙しない場合で、村方騒動など、むしろ村役人など村内の上層農民に対して運動するときに使用する。幕末の武州騒動など、たとえ一〇万人以上の人が参加した場合でも、領主権力と直接対決しない場合は一揆でなく騒動である。

打ちこわしは、今回の事例に見られるように、民衆が商家などを打ちこわすもので、都市型の運動として評価されている。打ちこわしのことを「打毀し」と書くように、家を毀《こぼ》つ（＝とりこわす、破壊する、打ち崩す）ことが多かった。

訴願とは、領主に対して訴えることで、合法的なものである。訴えの内容も多様なので、民衆運動として捉えるのが適切かは、留意すべきことかもしれないが、合法的手段であるからこそ、民衆運動として効果的なこともあった。著名なのは文政六年（一八二三）摂津・河内両国一〇〇七か村が連合して行った国訴などである。

詳細は個別の研究を参照してほしいが、近代以降の社会運動を見てみよう。戦前だと、米騒動や政治に対しての不満に対する焼討ち事件などが起きている。民衆運動とは異なるが、クーデターなどもその一つなのかもしれない。戦後はというと、労働運動とりわけストライキや学生運動などがよい例だろう。将来、テロなんかもその一つに入るかもしれない。時代によって民衆運動の質も変わってくる。こうした変化を大局的に読み取ることも大事である。

また、もう一つ注意したいのは、暴力という行為である。なんでそんなことをするのだろう。疑問が残るところである。「暴力をふるってはいけない」ことは、当時の社会通念にもあったはずである。しかし、にもかかわらず行動する彼らには、それなりの正当性があったのだ。それは、まず価格要求であり、民衆自身の考えとして一定の価格意識があったのである。押買要求が行われて、それに応じない場合に打ちこわしの対象となったのである。民衆にとって妥当な価格で販売しさえすれば、打ちこわしの対象とはならないのである。

そして、もう一つは、決して人に対して乱暴を加えようとしていない点である。しかも、打ちこわされて出てきた金品を自分のものにしていない。こうした行為は見逃してはいけないだろう。民衆運動の暴力の矛先は、商人そのものに対する批判なのではなく、「あるのに出さない」という行為そのものに対してなのである。民衆運動は、あくまでも示威行為が中心で、決して人に対して危害を与えることを意図していたわけではなかった。民衆運動に際して使用される竹槍などの先が尖っていなかったことなども、一つの事例といえるだろう。[2] こうした当時の民衆運動の正当性と暴力の内容を探るのも大事なポイントといえるのだ。

最後に、施行という行為である。食糧不足のとき、各商人は積極的に施行を行った。また町会所を設置している。打ちこわしを恐れてのことかも知れないが、各商家の施行の範囲は、周辺地域を対象としている。社会的な窮民救済行為として注目することができるだろう。[3]

1　岩田浩太郎『近世都市騒擾の研究』（吉川弘文館、二〇〇四年）。
2　藪田貫『日本近世史の可能性』（校倉書房、二〇〇五年）。
3　吉田伸之『近世巨大都市の社会構造』（東京大学出版会、一九九一年）。

第六章　近代成立期における公害訴訟

はじめに

本章は、近世から近代にかけて瀬戸内各地の塩田に見られる薪炭・松葉から石炭への燃料転換に伴う煙害について取り上げ、それによる地元村民（本章では、この点を地域社会の問題として考えたい）と国家の対応について考えていくことを目的とする。この薪炭・松葉から石炭への燃料転換について、地域社会への影響をめぐる議論はこれまで周辺地域の生業権との関わりで取り上げられてきた。すなわち、薪炭・松葉から石炭へと燃料を転換することは、周辺農村にとって貴重な農間余業を奪うことを意味した。よって、その補償金をめぐり争論となることがしばしばあったのである。この点については、渡辺則文氏が竹原塩田を事例に明らかにされている(1)。本章では、こうした事例とは別の次元の問題として、地域社会に登場する環境問題（＝石炭焚に伴う煙害）の影響について取り上げることを目的とする。

近世近代前期における環境問題を考えるとき、本章との関係から、二つの研究動向に注目しておきたい。一つは、安藤精一氏による『近世公害史の研究』があげられよう(2)。同氏の成果は、公害の事例を全国的に集め検討したものである。とくに鉱山における公害が中心であるが、水質汚染・石炭公害・山林破壊など多岐にわたって紹介されている。よって、個々の事例について、必ずしも十分に詰めた議論がなされているわけではないが、同氏の成果を参照すると、①近世における公害は、今日イメージする公害とは、規模にしても、その質としても大きな差があるが、近世においてすでに存在し、地域住民との間で対立していたという点、②地域の民衆運動の展開を通じて、水質汚染など、当時のいわば公害に対し、中止・差止めとなる処置が多いという点、③公害への処置に対し、公害阻止に向けた民衆の運動も重要な意味を持つが、それと同時に幕藩権力の公権力的側面や村役人などの中間層の果たした役割が大きかったという点、の三つの点を展望することができる(3)。

またもう一つは、「日本の公害の原点」ともいわれる足尾銅山鉱毒事件の問題である。この事件は著名なことから研究成果も多い。その一つとして、菅井益郎氏による「足尾銅山鉱毒事件」の成果をあげてみよう(4)。同氏の研究は、足尾銅山に見られる鉱害被害の様子をつぶさに検討し、被害状況を明らかにするなかで、それを放置してきた企業の責任を詳細に検討されたものである。そして、「田中正造の死後長い間、彼の鋭くラジカルな問題提起と批判に耐えうるだけの正当性と説得力をもち、かつ具体的な獲得目標を掲げた運動が現れなかったことは、古河にとっては幸運であったが、渡良瀬・利根両川流域の人々、また足尾山地の自然にとっては最大の不幸であった」という指摘で締めくくられている。この点、確かに、運動の担い手である田中正造の役割の重要性は認めるものの、ただ単に田中正造の活動を顕彰し、逆に企業責任・行政責任を追及するだけでは本質が見失われ、近代社会（とくに明治前期の社会状況）を展望できないと思われる。むしろ重要なのは、当時、公害を発生させた加害者の責任を前提としつつも、単に問題を公害の持つ善悪として捉えるだけでなく、田中正造が運動を展開しても果たせなかった理由はいかなる点に求められるのか、何故法的根拠が十分に得られなかったのかという点を解明することにあると考える。(5)

本章では、環境問題について、かかる成果を念頭にすえつつ、まず最初に薪炭から石炭への燃料転換の要因を、塩田開発の様子とそれに伴う生産合理化の面から明らかにしたい。その上で、安芸津町風早村(現東広島市)の塩田で実施された石炭焚に伴う灰塵を周囲の田畑に及ぼしたことによる影響(被害)について、村民と塩田経営者により争われた訴訟の問題から取り上げることができればと考える。

ちなみに、本章で取り上げる、安芸津町風早村の一件はすでに知られているものであり、渡辺則文氏はこの一件の発端から顛末までを紹介されている。(6) 同様に安藤精一氏も、この地域の石炭焚の被害の事例から明らかにされている。(7) こうした紹介を念頭にすえつつ、さらに今回の煙害訴訟を明らかにするなかで、近代国家(具体的には広島始審裁判所)が環境問題にどのような立場を取ったのか、またそれは何故なのか、という課題について考え展望していくことにしたい。

1 塩田築造と経営合理化

まず最初に、塩業経営の合理化が必要とされ、そのなかでとくに松葉や薪炭から石炭へと燃料の転換が求められる背景について、近世を通じた瀬戸内塩田の開発の状況と、実際の塩業経営の二つの面から明らかにしていきたい。

瀬戸内塩田の開発の様子を一覧できる「十州地方における入浜系塩田築造年代一覧」という資料を参照し

表1　塩田開発面積県別一覧

年　代	兵庫県	岡山県	広島県	山口県	徳島県	香川県	愛媛県	合　計
～19	13.10	4.00		2.40	287.81		24.00	331.31
1620～39	254.37		9.00	50.00	127.00	30.90		471.27
1640～59	162.39			45.00				207.39
1660～79	87.44	17.98	67.38			11.20		184.00
1680～99	119.30		46.38	129.84	2.09	65.70	54.20	417.51
1700～19	6.10	76.79	32.73	30.10	9.00	9.20		163.92
1720～39	2.39	6.69	2.48	9.00			37.60	58.16
1740～59	44.80	17.10	6.50	36.00		128.30	106.80	339.50
1760～79	27.53		11.14	174.18		19.50	19.10	251.45
1780～99	23.60	8.42	8.79	130.00		34.60	4.10	209.51
1800～19	95.00	1.33	6.98	151.91		16.70	53.99	325.91
1820～39	29.18	52.46	93.73	42.89	14.00	153.80	29.40	415.46
1840～59	36.38	1.89	19.00	33.40		20.00	4.70	115.37
1860～	67.47	19.89	28.30	6.00		48.40	85.30	255.36

註1）　廣山堯道「十州地方における入浜系塩田築造年代一覧」参照。
　2）　各面積の単位は町。

よう[8]。同一覧表は、史料的な関係から、開発段階での塩田面積でない場合や、推定的なものも含まれている。また、開発当初から塩田面積がまったく変動しなかったとも考えられず、検討の余地は残されよう。しかしながら、それでもなお同一覧表は、瀬戸内地方の各塩浜名と開発年次・塩田面積をトータルに理解しうる貴重な成果といえるだろう。まず最初に、この資料に基づいて、近世における瀬戸内塩田の開発の様子を、開発面積から考えてみることにしよう。

表1は、一六〇〇年から一八七〇年ごろまでの塩田開発の様子を二〇年ごとに県別に区切ったものである。また、表2は、塩田開発が行われた地域で、四〇町歩以上の塩田とその位置を示したものである。

表1を参照しよう。近世初期の段階では、大坂に近い阿波国(徳島県)において徳島藩の産業奨励策との関わりで開発が推進され[9]、その後も播磨国(兵庫県。とくに赤穂)において開発が進められている[10]。次いで、商品流通が全国的に展開すると、北前船が寄港する周防・長門(山口県)

表2　開発時面積40町歩以上の塩田

	県名	領主(藩名)	塩田(塩浜)名	開発年代	開発時の塩浜面積
1	徳島県	徳島藩	竹島	慶長12年	64.180
2	徳島県	徳島藩	立岩	慶長13年	46.320
3	兵庫県	姫路藩	的形浜	元和ごろ	64.400
4	徳島県	徳島藩	南斎田・津田浜	寛永元年	50.000
5	兵庫県	赤穂藩	尾崎村	寛永年間	50.000
6	徳島県	徳島藩	答島	寛永13年	70.000
7	広島県	広島藩	竹原古浜	慶安ごろ	59.000
8	山口県	山口藩	平生古浜	万治2年	45.000
9	兵庫県	姫路藩	大塩塩田	元禄以前	99.300
10	山口県	山口藩	三田尻小浜	元禄12年	87.000
11	愛媛県	西条藩	多喜浜西分	宝暦9年	104.000
12	山口県	山口藩	三田尻鶴浜・大浜	明和元年	151.880
13	山口県	山口藩	西ノ浦	天明7年	60.100
14	山口県	山口藩	宇部周辺	文化～天保	60.000
15	山口県	山口藩	小松・志佐	文化～天保	40.000
16	愛媛県	西条藩	多喜浜北浜	文化6年	40.600
17	岡山県	岡山藩	野崎浜	文政12年	48.790
18	香川県	高松藩	東・西大浜	文政12年	101.400
19	香川県	丸亀藩	詫間浜	天保7年	45.800
20	愛媛県	今治藩	東伯方古江浜・北浦	文久元年	45.300
21	愛媛県	西条藩	三喜浜	慶応元年	40.000
22	兵庫県	姫路藩	戎浜	明治初年	40.000

註1）　廣山堯道「十州地方における入浜系塩田築造年代一覧」参照。
　2）　面積の単位は町。

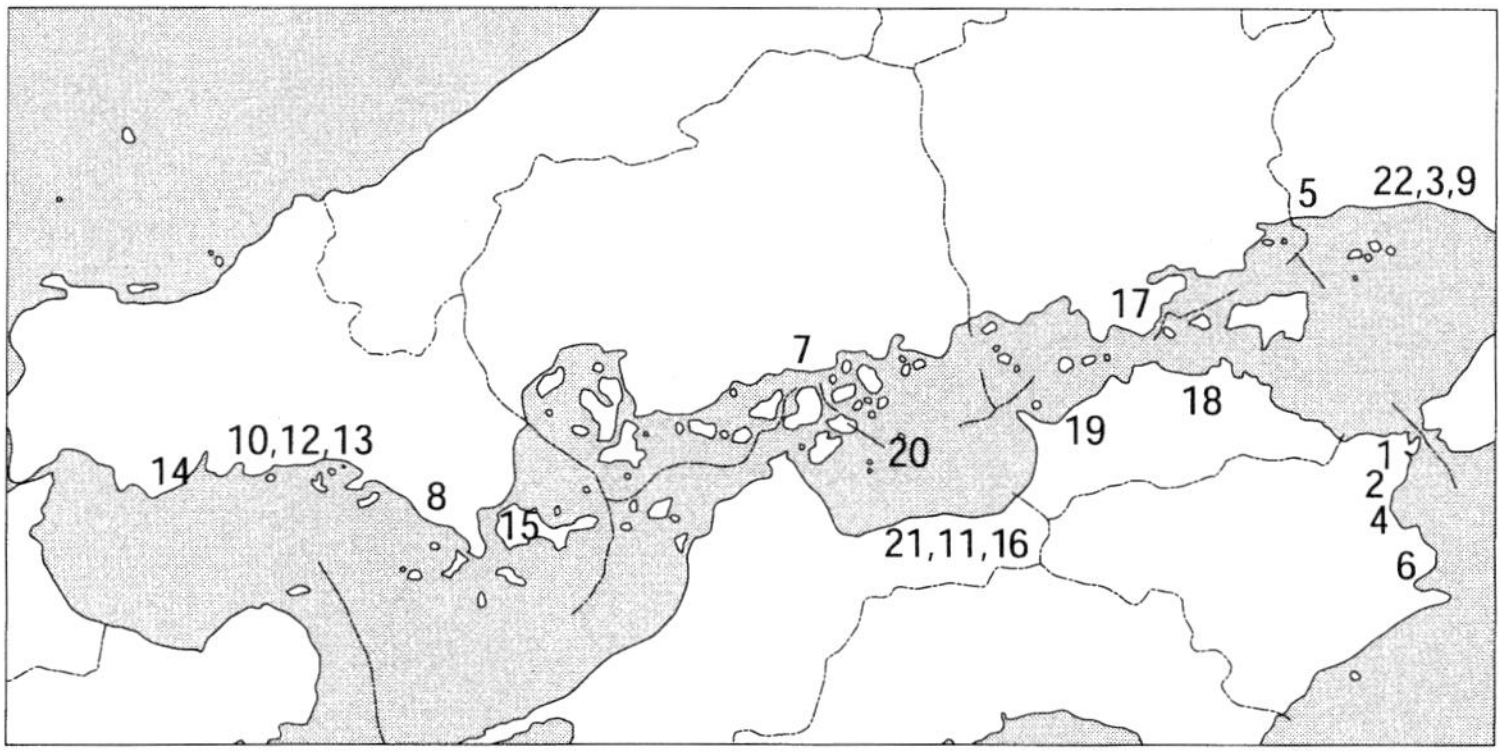

表2関連付図　番号は表2の左に付記した番号に照応。

などでも開発が進むようになる。さらに、近世後期になると、国産奨励政策との関わりから、外様大藩が中心となり、瀬戸内海各地に多くの塩浜が開発され(11)、巨大な塩田が築造されたのである。

これらの具体的な開発事情について、個別塩田の実態解明と、より深い検討を必要とするが、少なくとも全国的な商品流通のあり方と密接に関係しているといえるだろう。

大規模塩田の開発について、表2を概観しても同様である。つまり近世前期における開発地域は徳島・兵庫県域が中心であった。その後は山口・香川県域などに多くの塩田が開発されている。実際、山口県域では、三田尻浜の開発によって、防長三白の一つとして、また、高松藩でも大浜（坂出浜）の開発によって讃岐三白の一つとして塩が物産として名声を博するほどの製塩地帯として発展していく。近世を通じて瀬戸内海一帯各地に恒常的に塩田開発が推進された。その結果、全国の塩生産高の八割以上を生産し、十州塩田といわれるような特産地として全国に知れわたることとなったのである。

次に、塩業経営の様子について、近世前期と後期を比較検討してみよう。

まず最初に元禄期の塩業経営の様子について、私は備後国富浜塩田を例に検討したことがある(12)。それを参照すると、一釜当たりの燃料費の割合は、支出全体のおおよそ四割から五割程度であった。この時期の燃料は薪炭であったが、燃料費が全コストに占める割合はきわめて高いことが明らかである。実際、この時期の塩業経営の損益の成否は、燃料費の多寡によるといっても過言ではなかったのである。

こうした傾向は、近世中期の段階でも同様であった。表3は、明和八年（一七七一）における竹原塩田の支出入の様子を示したものであるが、これを参照すると、燃料費と浜子に対する経費（給金と食費を加算したもの）で、支出の七割以上に達していた。燃料費と労賃が塩業経営においてきわめて重要なウエートを占めていたのである。

それと比較して幕末期の塩業経営の動向を見てみよう。表4は、天保十五年（一八四四）の塩業経営の動向を示したものである。先の表3の場合と異なり、塩田小作であることから、領主に対して支払われるべき運上銀だけでなく、地主に対して支払うべき加地子も支出として計上されている。しかし、それでいながら、決算項目を参照すると、損失額は明和段階のそれと比較して決して高くはない。

支出項目別に見ると、支出における燃料費の割合が大きく減少している。塩業経営の成否を決めるともいわれた燃料費の割合について、近世前期の段階は支出の五割を占めていたが、近世中期の明和期には四割程度となり、そして天保十五年には三割以下に抑えられている。燃料コストが著しく低く抑えられているので

表3　明和8年における竹原塩田の経営収支

分類	項　目	価額(匁)	割合(%)
支出	貢租(加地子)	675	7.809
	給金	1,450	16.775
	食費	1,270	14.692
	包装費	498	5.761
	修繕・設備費	551	6.374
	燃料費	3,500	40.491
	その他	700	8.098
収入	出来塩	7,110	
	その他	270	
決算	支出合計	8,644	
	収入合計	7,380	
	損益	−1,264	

註）明和8年「中浜一軒分惣浜諸入用帳積書」（『竹原市史』第5巻史料編（三），76頁），拙稿「竹原塩業の展開と構造」（『大学院研究年報（中央大学）』21号，文学研究科，1992年）参照。

表4　天保15年における松永塩田の経営収支

分類	項　目	価額(匁)	割合(%)
支出	貢租	389.910	2.341
	加地子	3,060.000	18.375
	給金	2,468.300	14.822
	食費	1,637.450	9.833
	包装費	541.300	3.251
	諸経費	2,213.540	13.292
	修繕・設備費	1,047.410	6.290
	燃料費	4,740.490	28.467
	その他	554.220	3.328
収入	収入	15,931.630	
決算	支出合計	16,652.620	
	収入合計	15,931.630	
	損益	−720.990	

註）天保15年「万浜仕入帳」石井家文書参照。

ある。この理由は明白で、燃料が薪炭から石炭へと転換したことによる経費節減の結果といえるだろう。燃料コストとしては、薪炭から石炭への転換だけで三割以上の減少が見込まれたのである。つまりこの間、薪から石炭へとエネルギー転換が行われており、それが経費の節減を可能とした。こうした塩業経営のコスト節減を目的としたさい、石炭への転換は有効な意味を持ち、安永七年（一七七八）ごろに三田尻塩田によって始められた石炭焚は、一世紀も経たないうちに、瀬戸内各地の主要塩田に広がったのである。

以上、近世を通じた瀬戸内塩田の開発の動向と、経営動向から石炭焚への転換の要因について明らかにしてきた。本章との関係から、以下の二点が指摘できるだろう。

まず第一に、近世において瀬戸内海地域一帯で塩田開発が積極的に実施されていた。とくに近世前期では、阿波国・播磨国などの大坂に近い塩田が開発されている。それが近世後期になるに従い、周防国・長門国・讃岐国の塩田が開発されている。しかもそれは、三田尻鶴浜・坂出の東西大浜などのように一〇〇町歩を超えるような広大な塩田が開発されていたのである。これらの塩田の開発は、既存の塩田の存在をも脅かすことになり、瀬戸内塩田内部の産地間競争に勝ち抜く必要があったのである。

第二に、こうした瀬戸内各地で行われた塩田開発に対応し、既存の塩田はこの産地間競争に勝ち抜くためにも合理化を必要とした。近世後期に見られる休浜法の実施もその一つであるが、より具体的な対応が、薪や松葉から石炭へと燃料を転換することであった。それ自体でコスト低減に伴う経営合理化が見込まれたのである。その結果、塩田で石炭が利用され、瀬戸内各地に漸次石炭焚が広がったのである。(13)

2　訴訟の発端と展開

明治十四年（一八八一）における「広島県統計書」によると、風早村に存した塩田面積は一六町六反歩余りで、七〇〇〇石もの塩を生産していた。[14]風早村における塩田は表5（一三〇頁）の通りで、大きく三か所で製塩が行われていた。いずれも天保期に開発された塩田である。[15]

風早村は、南が海に面し、東西北の三方が山に囲まれていた。このため、集落と耕地は海に隣接していた。文政八年（一八二五）八月に完成した『芸藩通志』を参照すると、[16]同村には二〇五戸の人家が立ち並び、九〇〇人以上が生活していた。そして、明治十年代になると、三〇〇戸程度と増えている。また、農業を生業とした地域で、田畑には稲・麦・桑などが植えられ、二〇〇頭ほどの牛馬が飼育され、それらを生業としていた。石炭焚の影響を見ると、風早村は地形が災いし、北風が吹かず、南風が吹くと集落・耕地に石炭の塵がまき散らされる。結果、耕地に大きな被害を蒙るのであった。この点、すでに石炭焚が行われていた竹原下市村の場合は夏から秋にかけて竹原颪と呼ばれる強い北風が、東野村の場合も春から秋にかけて三原颪といわれる強い北風が吹いていた。このため、石炭焚が行われても、煙害の影響を及ぼす粉塵が北風によって吹き払われるのである。こうした自然的条件が石炭焚被害において、当時大きな要素となっていた。以上を念頭に、今回の訴訟の発端と経緯について、史料1と表5を参照しながら、紹介していくことにしよう。

〔史料1〕

（前略）

右石炭焚ノ義本年三月営業者ヨリ歎出候ニ付、村民へ示談仕候処、村民答フルニ、三ケ所新開築造ノ際、各発起人ヨリ村吏へ申出候趣ニテ村民招集シ、塩田ニ築調ノ示談之レアル度毎人民ヨリ申出ルハ石炭焚ノ見込ナレハ、田畑ノ害障ヲ醸生スルニ付、築造相断度、其原由タル本郡下市村御調郡東野村浜ノ如キハ俗ニ竹原颪・三原颪抔ト唱へ、北風強ク焚烟ヲ吹払フ土地ナリ、本村ノ如キハ大ニ地位ヲ異ニシテ、北ハ山屏ヲ成シ、南風強ク北風微力ニシテ、吹払ハサル地ナレハ、焚烟ノ被害スル稲毛・麦穂・大豆・小豆・大角豆・蕎麦・茶・其侘庶作等ニ煤煙粘着シテ、実葉共ニ油烟塗ノ如クナリテ、枯燥スレハ、稔リ薄ク且百草ノ害モ同様ナレハ、牛馬ヲ飼養スル能ハサル百般ノ障碍アルアレハ必死ト活路ヲ断ツ事言ヲ俟サル段、陳述候処、其旨営業人へ示合ノ顛末塩田ニ築造スト雖トモ、将来松葉焚ニシテ石炭焚一円成ラサル事ニ決シタル旨、村民へ示談有之、双方納得ノ上、塩田ニ築調シ、営業仕来候処、観音浜ニ当リテ、弘化二年営業者伝四郎石炭試焚ノ義厚ク依頼アリテ、難黙止ヨリ、一ケ年間試焚承引致居候処、果シテ前陳ノ如ク障害ヲ目撃セル故ニ屢々其理由述フルト雖トモ、当時庄屋ノ権ヲ握リ、厭ヲ以テ停止セサルヨリ、村民動揺シ、鳶口・鎌・鍬等ヲ携出、塩竃ヲ打潰ス勢ニ立至リ直チニ石炭相止メ候処、水除浜ニ当リ、文久元年四月営業人三津村万吉ナル者、亦石炭焚始メ同様人民沸騰シ、一時消火候得共営業人ヨリ元割庄屋へ願出双方取紏ト成ル、然レトモ、其功ヲ奏セス、明治五年営業者ヨリ一浜ニ付、一ケ年金五円宛都合五十円ヲ村民へ償ヒ石炭焚ノ義村吏へ歎出候趣ヲ以、示談有之候得共、更ニ承諾セス、復タ春三月節入ヨリ六十日間、秋八月節入ヨリ、六十日間ヲ除クノ外、六十日間宛、年両度石炭焚歎出ノ義、重テ示談有之候得共、是亦村民承引セス、茲ニオイテ日下三左衛門外四名ノ者ヨリ申立ニ塩田地租改正ニ相成、次テ薪不自由旁以テ製塩ノ営業上不引合ヲ生シ候ニ付、一円石炭焚歎出候段、御示談ノ趣ハ候得共、諸色騰貴スレハ、従テ、塩価モ登リ不引合ト申理、曾テ無御座、必竟(畢)利益ノ饒多ナルヲ希望スルヨリ、起因セル義ニ候、高税ト申テモ、些タル塩田税耕宅地ニオイテハ、抜群ノ増額ニテ上税ニ困苦スル場合、加ルニ、塩田石炭焚ト相成候テハ、忽チ被害スル事多端ナレハ、地税上納スル能ハサル、必然ナリナレハ故ニ、右ニ関スル定約ノ沽券等無之候得共築造以降実地上施行セサルヲ以テ明カナリ、今后ニオイテ如何ノ義申出ル共、受理被下間敷段、村民一同申出候ニ付、其旨営業人五名へ答弁仕置候、

此段有懸開申仕候也

賀茂郡風早村

戸長　武安琢造

明治十三年十月廿一日

賀茂郡長　伴　資健殿

まず史料1は、石炭焚一件をめぐり風早村の戸長武安琢造が事態を賀茂郡長伴資健に連絡したものである。同史料から、村民と塩田経営者の両者の主張が判明する。まず、村民は、①石炭焚による周囲の田畑による被害は甚大であるという点と、②開発当初の条件として石炭焚は行わないという取決めがなされていたこと、の二つの点から塩田での石炭焚中止を主張している。つまり、石炭焚をすることで、稲・麦・大豆・小豆・大角豆・蕎麦・茶などの作物に煤煙が付着し、その結果、作物が枯れ実りも薄くなってしまう。同様に、牛や馬の飼育にも影響を及ぼすことを指摘したのである。こうしたことから、石炭焚が村へ影響を与えることをあらかじめ予測し、石炭焚を行わないことを条件として、村民は塩田開発を認めたのである。それに対し、塩田経営者側は、①地租改正により塩田が把握されるという所有権の主張と、②最近の薪不足、の二つの点を主張している。

表５　風早村塩田，煙害訴訟の経緯と内容

年　　代	訴訟の経緯と内容
天保４年	風早村陣凱浜２町９反５畝12歩（製塩場面積１反４畝５歩），風早村多四郎・利兵衛により開発
５年	風早村水除浜２町８反７畝４歩（製塩場面積１反０畝３歩），風早村万兵衛により開発
10年	風早村観音浜10町７反８畝21歩（製塩場面積４反４畝７歩），阿賀村宮尾彦五郎・広村宇都宮三右衛門により開発
弘化２年	観音浜石炭試焚の依頼，１年間試焚するも作物に被害，結果村民の騒動により中止
文久元年４月	三津村万吉石炭焚を開始するものの，村民の反対により中止
明治５年	塩田経営者，石炭焚について，補償金・期間限定などの条件を提示するものの，村民拒否
13年10月21日	賀茂郡風早村戸長武安琢造，賀茂郡長伴資健へ石炭焚一件について，村側の主張（石炭焚反対）の説明
14年６月６日	賀茂郡書記木本良幹，出張し，塩田石炭焚について示談するように説諭，結果失敗
14年６月27日	風早村戸長武安琢造，石炭焚の中止を賀茂郡長伴資健へ訴える
14年７月13日	風早村惣代月番29人，戸長武安琢造へ石炭焚停止を訴える
14年８月６日	賀茂郡書記木本良幹の説諭に対し，納得しない趣旨を風早村惣代10人が賀茂郡長伴資健へ提出
14年９月28日	風早村能島達三と中川広助が，風早村村民300人の人民惣代となる委任状を作成
14年	塩田経営者，石炭焚に対する村民の妨害を理由に広島始審裁判所へ提訴
14年10月６日	提訴期間中，塩田経営者の石炭焚の中止について，風早村惣代５人が郡長に中止の保証願いを提出
	風早村戸長武安琢造，村民の主張を受け賀茂郡長伴資健に石炭焚中止を訴願
	賀茂郡長伴資健，塩田経営者より提訴期間中石炭焚をしないことを確認
14年10月10日	風早村人民惣代能島達三・中川広助，代言人として河端守綱と契約
14年12月	能島達三，内務省衛生局長に石炭烟煙による被害の関連性（因果関係）について説明願い
15年１月18日	河端守綱，代言人として委任状提出
15年２月４日	広島始審裁判所，裁判言渡書を提出，村側敗訴

ところで、風早村の塩田経営者は、天保期の開発以来幕末にかけて石炭焚を数度試みている。そのときは村側の「鳶口・鎌・鍬等ヲ携出、塩竃ヲ打潰ス勢ニ立至リ直チニ石炭相止メ候処」というような強力な実力行使によって、その都度中止となっている。また、塩田経営者側は、一浜相当五円（合計五〇円）の弁償金の支払いや、石炭焚の時期を限定することなどによる歩み寄りを見せている。しかし、結局こうした塩田経営者側の妥協策も村側は認めず中止を迫った。

風早村戸長の武安琢造は、この事態を収拾できず賀茂郡長へ仲裁を依頼したのである。

さらに、風早村総代二九人は連名で、戸長武安琢造に対し、石炭焚は人畜や耕作に有害であると指摘して、石炭焚の中止と松葉焚を願い出た。とりわけ、夏に石炭焚を実施し南風が吹けば、その風に乗って黒煙が家屋にまで入り込み、人間に不快感を与えることを指摘している。しかも、製塩業の最盛期である夏場には、濃い塩水を煮焚きするために火力を必要とすることから、重量のある石炭が利用され被害を助長した。石炭の灰塵が排出され馬草に付着すると、黒色となり硫黄の臭気を発する。このため、牛馬は馬草を食さなくなる。このことは、草木も同様であり、茶や桑などの生産量を減少することになったのである。こうした事態を収拾するため、六月六日、賀茂郡書記木本良幹が出張して、実地見分の上、村民を召集し説諭している。しかし結局のところ、その説諭に対して、先に記した理由で、風早村総代による連名で、承諾しない旨を返答している。その結果、塩田経営者側は、石炭焚の実施を中断し、裁判の提訴に踏み切ったのである。この塩田経営者側の提訴を受け、風早村としても代言人として河端守綱と契約し、訴訟への対応が行われた。

かくして、この石炭焚をめぐる争論解決の局面は、村（戸長）―郡（郡長）といった地域社会の自律性に依存するのではなく、広島始審裁判所（司法の場）へと移ることになる。この始審裁判所において、どのような裁判の展開が見られたのかは定かでない。しかし、裁判の過程で広島始審裁判所は、これまでの訴訟内容について事実関係の確認を風早村惣代に対して要請している。

それを受け、風早村の惣代である能島達三は、内務省衛生局長に対し、①石炭の出所が、筑前・筑後であること、②石炭焚が、人体の衛生や草木に影響を及ぼすこと、③風早村における地形の影響について、の三項目について事実であること（関係が明確であること）を明示するよう歎願している。それは、訴訟の主張の是非というよりも、その主張の内容の質が問われたものである。つまり主張の内容が、単に経験的なものに基づくのではなく、科学的分析結果に基づいているか否かが重要な判断の指標となったのである。このときの、内務省衛生局からの回答は、残念ながらわからない。その二か月後に出された裁判の結果を紹介しよう。

3　「裁判言渡書」と訴訟の結末

塩田経営者側が風早村を相手どり行った本裁判の結果は、以下の「裁判言渡書」の通りである。以下、抄録してみよう。

〔史料2〕

塩竈石炭焚拒障解除請求ノ訴訟遂審理処、本訴ハ原告所有ノ塩田ニ於テ製塩ノ為メ石炭ヲ用ユル事ヲ被告カ故障スルニ付、其営業妨害ノ故障ヲ解カン事ヲ訟求スルノ要旨ニシテ被告ハ石炭煙ノ為メ動植物ニ害毒アレハ旧例ニ因テ松葉ヲ使用セシメント云フニ在リト雖モ其塩田ハ原告ノ所有地ニシテ、其製塩ハ原告ノ営業ナルヲ以テ他人ノ妨害ヲ為ササル限リハ所有地ニ於テ営業ノ為メ人為ヲ以テ或ル事ヲ施行スルハ素ヨリ原告ノ自由ニシテ、他人ノ故障ヲ受クヘキ理ナシ、本訴ノ如キ被告ハ原告ニ石炭ヲ用イシメサル民事上ノ契約アルニアラス、加之既ニ原告カ製塩ニ従事スルニ就テハ被告ノ異議ナキ所ナレハ為メニ使用スル物品ノ生質ニ対シ之レヲ制御スル相当ノ権利又ハ条理ヲ有スルニ在ラサレハ石炭ヲ用ユルト松葉ヲ用ユルハ原告ノ随意ニ一任セサルヲ得ス、且ツ夫レ石炭煙ナルモノハ、単ニ其物ニ就キ惣論スルトキハ、炭素ニシテ有害物ノ一部ニ位シ人畜親ク之レヲ吸収セハ衛生上ノ害アルヘシト雖モ被告カ主張スル所ハ啻ニ其物質ニ対スル論点ヲ延敷スル迄ニテ其害毒ヲ受ケタル現証及ヒ実験ヲ挙示スルニ非サレハ到底被告ハ有害物ヲ名トシ想像上ノ事ヲ以テ原告ノ営業ヲ妨害スル者ト認定ス、依テ被告ハ原告営業ノ為メ石炭ヲ用ユル事ヲ故障スルノ理由之レナキモノ也

　但訴訟入費ハ成規ニ照シ被告ノ負担タルヘシ

　明治十五年二月四日

　　　　　広島始審裁判所

結論から言って、村側の敗訴で、塩田経営者側の全面的な勝利であった。訴訟の結果を示した「裁判言渡書」によって導き出された最終的な理由は、以下の三点に集約できる。

第一番目は、「本訴ハ原告所有ノ塩田ニ於テ製塩ノ為メ石炭ヲ用ユル事ヲ被告カ故障スルニ付、其営業妨害ノ故障ヲ解カン事ヲ訟求スルノ要旨ニシテ被告ハ石炭煙ノ為メ動植物ニ害毒アレハ旧例ニ因テ松葉ヲ使用セシメント云フニ在リト雖モ其塩田ハ原告ノ所有地ニシテ、其製塩ハ原告ノ営業ナルヲ以テ他人ノ妨害ヲ為ササル限リハ所有地ニ於テ営業ノ為メ人為ヲ以テ或ル事ヲ施行スルハ素ヨリ原告ノ自由ニシテ、他人ノ故障ヲ受クヘキ理ナシ」という通り、石炭焚作業を行っている作業場としての塩田は、原告＝塩田経営者の所有

地であり、そこでの作業において他人を妨害しなければ問題がないという点。地租改正に基づく所有権の主張が塩田経営者側の有効な理由となったのである。

第二番目は、「原告ニ石炭ヲ用イシメサル民事上ノ契約アルニアラス、加之既ニ原告カ製塩ニ従事スルニ就テハ被告ノ異議ナキ所ナレハ為メニ使用スル物品ノ生質ニ対シ之レヲ制御スル相当ノ権利又ハ条理ヲ有スルニ在ラサレハ石炭ヲ用ユルト松葉ヲ用ユルハ原告ノ随意ニ一任セサルヲ得ス」の通り、石炭を用いることに対する具体的な契約は村側と塩田経営者との間でなされていないという点。慣習的な契約ではなく、実質的な契約を取り交わしたという証拠が重要であったのである。

そして第三番目は、「石炭煙ナルモノハ、単ニ其物ニ就キ惣論スルトキハ、炭素ニシテ有害物ノ一部ニ位シ人畜親ク之レヲ吸収セハ衛生上ノ害アルヘシト雖モ被告カ主張スル所ハ啻ニ其物質ニ対スル論点ヲ延敷スル迄ニテ其害毒ヲ受ケタル現証及ヒ実験ヲ挙示スルニ非サレハ到底被告ハ有害物ヲ名トシ想像上ノ事ヲ以テ原告ノ営業ヲ妨害スル者ト認定ス」と、石炭の煙として影響を与えた成分は炭素であり、衛生上に害はあるものとしているが、実際のところ科学的な証明はなされておらず、「想像上ノ事」であるとされたのである。この判決から考察するに、先に紹介した風早村惣代能島達三が内務省衛生局長に対して提出した歎願書は、受け入れられなかったと判断してよいだろう。しかも、逆に風早村の村民の行動は石炭焚による製塩作業を妨害していると指摘されたのである。経験・体験に基づく被害の印象的・経験的批判ではなく、因果関係を実証する必要性が求められたのである。

かくして、村側の主張は一切受け入れられることはなく、塩田経営者側の全面的な勝訴となったのである。

おわりに

以上、風早村における塩田経営者の石炭焚による煙害訴訟について、戸長を中心とした村民の取組みと、広島始審裁判所の訴訟結果について紹介してきた。今回の訴訟について、史料的な限界から塩田で働く浜子の出自など雇傭の実態をはじめとして、多くの点が言及できずに終わっている。この点については今後の課題としていければと考える。[17] ただ、本章で明らかにするだけでも、以下のような点が指摘でき、展望できるだろう。近代には市場経済の浸透、それに伴う塩田間の熾烈な産地間競争がなされている。このため、より一層の塩業合理化の必要性から、石炭焚に踏み切らざるをえない塩田経営者側と、地域社会を維持し煙害による作物の被害から生業を守ろうとする村側の対立を生むことになる。これが風早村での煙害訴訟であった。以上の経緯から明らかとなる明治前期の環境問題と地域のあり方について展望しよう。

本章で明らかな通り、今回の石炭焚の中止を求めて展開した村側の主張は、二つの意味で近世以来の伝統的な訴願形態に基づいている。第一に、村惣代や村の首長たる戸長が中心となり訴願が行われている。これは、村民が戸長を地域秩序（村内秩序）の担い手として期待していることを表している。また、公害訴訟に見られるような企業と実際に被害に遭った人との対立の構図ではなく、各局面において村民全員の連名が見られるように、村全体の問題としてこの訴訟を取り上げている。むろんそれは、村総体が煙害被害を受けていたためともいえるが、「風早村全村ノ人民挙テ其不当ヲ責メタルニ由リ」と、運動主体が村民を基礎としながら、戸長や村惣代が運動の担い手となっている点は、それでもなお注目できる点である。第二に、塩田開発時の慣習的な取決めの主張や、地元の生業が破壊されることへの懸念など、近世期の訴訟においてしばしば展開される正当性の論拠をここでも展開している。風早村において、塩田経営者側は幕末期数度にわたって石炭焚の実施を試みているが、村側の実力行使のなかで、中止を余儀なくされている。結果的に、近世的な地域社会維持機能が村役人を中心に発揮されたのである。

しかしながら、近代以降、戸長の村内秩序の維持者としての役割は低下を免れず、塩田経営者の石炭焚実施への抑制も利かず、結果として、訴訟の局面は広島始審裁判所へと移ることになったのである。この新たな司法権力としての裁判所は、村内秩序維持（慣習・慣例）を目的として存在しているわけではなかった。そして、訴訟の根拠も経験的なものよりも、むしろ科学的根拠を重視した対応が行われたのである。いわゆる因果関係を立証することなしに、農村での煙害の被害は裁判所として認めるわけにはいかなかった。これにより、村側が正当性として主張していたはずの論拠は、ことごとく却下されることになる。塩田開発時点、松葉焚による（石炭焚をしない）製塩業の実施を取り決めているという村側の主張は、おそらく事実であろう。しかし、この取決めについて、契約が行われたという形跡が現存せず却下されている。また同様に、石炭焚による生業破壊といった科学的根拠も得られなかったことから、村側の主張は想像上のものであるとし、逆に村側の行動は製塩業を妨害するものであるとして却下されたのである。

明治政府は近代国家の成立に伴い、明治二十三年（一八九〇）、市民社会の育成を図り、私権の保障を成文化した民法を公布した。旧民法といわれるものだが、今回の事件は民法成立に先立つものであった。ただし、今回の訴訟結果を検討するに、①権利自由の原則（所有権絶対の原則）、②意思自由の原則（私的自治の原則）、③過失責任の原則、のいわゆる民法の三大原則の理念は、法的根拠として「裁判言渡書」の指摘のなかにすでに反映されたといえるだろう[18]。つまり、①については、塩田経営者が主張するような、地租改正に伴う塩田所有権の確立、②については、石炭焚を行わないという明確な契約書の欠如、③については、石炭焚と作物の被害の因果関係の不明瞭といった要素から、石炭焚被害による風早村側の主張は、ことごとく却下されたのである。明治国家が民法の成立を通じて目指した近代市民社会は、日常生活の規範を成文化し、保障したものとして重要な意味を持つ。しかしこの段階では、三大原則を体現し、強く意識した結果、環境問題といった観点は取り残されてしまったのである。むろん、この時期は産業革命以前で大気汚染による公害という観念自体も必ずしも一般化されていたわけではなかった。こうした点が重視され、「被害者の利益」「私権は公共の福祉に遵ふ[19]」といった、無過失責任や蓋然性の有用性が指摘されるようになるのは戦後を待たなければならないのである。

註

（1）渡辺則文「石炭と薪の争い」（『日本塩業史研究』三一書房、一九七一年）。
（2）安藤精一『近世公害史の研究』（吉川弘文館、一九九二年）。
（3）近世社会における公害という表現であるが、本章では積極的には公害という表現を利用せず煙害あるいは環境問題として捉えている。ただ、公害という意味の事象は存在している。それは、「公」という公的局面は、時代の変遷とともに変わるものであり、その範囲での公害は規模の問題であり、概念化を徹底することはあまり意味があるとは思えないからである。むしろ、その時代に見られる公害の事例を摘出し、当時の社会像を展望することこそが重要であると考える。小田康徳氏の『近代日本の公害問題』（世界思想社、一九八三年）は、戦前期における公害問題を実証的に明らかにされた貴重な成果であるが、その序章において、「公害問題とは、まさしく資本主義段階における自然破壊問題の現象形態」と、歴史的に限定した概念として把握している点については、上記の理由から賛成できない。

(4) 菅井益郎「足尾銅山鉱毒事件」(『岩波講座 日本通史』第一七巻、一九九四年)。

(5) こうした視点とは別に、「人間の自然への働きかけ」から、「生業」の問題を捉え直す研究が見られるようになってきている。たとえば、高橋美貴氏は「19世紀における資源保全と生業」(『日本史研究』四三七、一九九九年)において、水産資源確保の観点から「生業保障」と「資源保全」をキーワードに言及されている。また合わせて同論文の「はじめに」の研究動向も参照されたい。

(6) 渡辺則文「前近代の製塩技術」(『講座 日本技術の社会史 第二巻 塩業・漁業』日本評論社、一九八五年)。

(7) 安藤精一『近世公害史の研究』は、幕末期における賀茂郡風早村の石炭焚による煙害について紹介している(「石炭の煙害」三四二頁)。ちなみに、石炭焚による農村側の反発は大きい。寛政十二年(一八〇〇)に生口島の製塩業者が石炭焚を行ったことへの村々の対応について、「万集記」には、「一寛政十二申三月七日より十日迄塩浜石炭炊キ一件ニ付、垂水村・福田村・鹿田原村・中野村・名荷村・沢村右六ケ村百姓共願筋有之と申、村々百姓共貝を吹キ集り浜明神之馬場ニ集り申候趣ニ而大造成ル騒動仕、夫ニ付塩浜三拾六軒炊釜をさまし直々割庄屋殿御注進ニ罷出候処……」と、騒動に及んでいることが記されている。ただし、石炭焚に伴う煙害が騒動の原因であるかは同史料では不明である。

(8) 廣山堯道作成「十州地方における入浜系塩田築造年代一覧」(日本専売公社編『日本塩業大系近世(稿)』一九八二年)。

(9) 相良英輔「徳島藩における塩業政策」(『近代瀬戸内塩業史研究』清文堂出版、一九九二年)。

(10) 赤穂塩田については、廣山堯道『赤穂塩業史』(赤穂市役所、一九六八年)を参照のこと。

(11) たとえば、椙西光速「坂出塩田開墾事情」(『日本塩業の研究』第七集、一九六四年)を参照すると、坂出塩田の開発が高松藩の財政政策と関係が深いことがわかる。また、山下恭『近世後期瀬戸内塩業史の研究』(思文閣出版、二〇〇六年)では、赤穂前川浜の開発事情を紹介している。

(12) 拙稿「元禄期における一軒前経営の一考察」(『日本塩業の研究』第二一集、一九九二年)。

(13) 渡辺則文「前近代の製塩技術」(『講座 日本技術の社会史 第二巻 塩業・漁業』)。ちなみに、芸備塩田のなかで石炭が早く導入された塩浜は生口浜(瀬戸田町)で寛政十二年ごろといわれている。また、竹原塩浜は文化二年(一八〇五)、松永塩浜は同元年(一八〇四)であった。

(14) 明治十四年(一八八一)「広島県統計書」。

(15) 以下の節に関する史料引用などは、とくに註記のない限り浄真寺所蔵史料を参照。

(16)『芸藩通志 巻七十九』の「戸口」の箇所を参照(復刻『芸藩通志』第二巻、一九六三年)。

(17) 石炭焚の灰塵による被害については、今回は竹原塩浜や三原浜などを例にして、風向きによる立地条件を指摘した。しかし、それだけではなく、本来、塩浜と周辺農村との関わりについて言及する必要があると考える。すなわち、周辺農村から浜子の供出などが多い場合、少しの灰塵を理由に訴訟を起こすのは困難であろうし、またこうした被害を名目にして薪炭生産などの維持を図ることもあったであろうと考えられるからである。ただ、安芸津町風早村の塩浜については、これ以上史料が残されていないことから、現在のところ、明らかにすることは、残念ながらできない。よって本章は、何故争論になるのかという矛盾点を解明するのではなく、地域社会の紛争解決のあり方について、国家の対応の質的変化と法的根拠をどこに求めるか、について明らかにしていきたい。

(18) 井ケ田良治氏は、「民法典論争の法思想的構造」(『思想』四九三、一九六五年)において、福島正夫氏の「旧民法を財産法の部面において『正しく近代的な資本制社会の法典であるといわねばならない』とし、①所有権の絶対・契約自由の原則・過失責任の三大原則の明確化、②財産取引の十分な保障、③貸借権を物権としたこと、④雇傭の拘束最高期間を一年としたこと(明治民法では五年)を特徴としてあげている」指摘(「日本資本主義の発達と私法」『法律時報』二五巻一号~一一号、一九五三年)を紹介している。また、民法七〇九条では、「故意又ハ過失ニ因リテ他人ノ権利ヲ侵害シタル者ハ之ニ因リテ生シタル損害ヲ賠償スル責ニ任ス」と規定しており、このことが市民法上の一般原則である。これを公害の問題に引きつけた場合、原則的に指摘するのならば、「①原因行為の違法性や原因者の故意または過失を立証し、②原因行為と被害の発生との間の因果関係を確定し、③不特定ないし多数の原因者の責任分担関係を厳密に決定づける」ことが求められるのである（原田尚彦「私法的救済」『公害と行政法』弘文堂、一九七二年。なお同氏は、本論文中において、こうした点が公害訴訟の問題であるとし、被害者への救済を目的とした法理論の形成の必要性を指摘している）。

⒆　小田康徳『近代日本の公害問題』は、大阪では、煤煙防止運動の展開によって、昭和七年（一九三二）六月に煤煙防止規則・汽缶取締規則が発令されたことを明らかにしている。このように、戦前においても、公害対策の条令がまったく出なかったわけではなく、少しずつではあるが公害対策に基づく条令などが出るようになってきている。

●この事例のポイント●

皆さんは、テレビで「ゲゲゲの鬼太郎」を見たことがあるだろうか？　舞台は戦後の開発現場。地元の老人が「ここの木を切ってしまうと、神のタタリが起きてしまう」と身をていして守ろうとする。それを聞いて、建築現場の工事監督が「神のタタリなんてあるもんか、さあどいた、どいた」と言って立ち退かせて、木を伐採する。その後、しばらくして、山崩れがおき、老人は「ほれ見たことか、山の神が怒ったんじゃ」と呟く。

近世は、経験や言い伝えが重視されていた。老人は地元の伝承者として、普段は発言することはなくても、重要なときには的確な発言をする。

現代は、科学が万能とされ、何事も科学によって説明される。万物はすべて科学によって解明されるはずであり、解決されないものは何もない。「神のタタリ」なんかありっこないのだ。

学問の世界も科学的でなければならないだろう。そう、歴史も科学である。科学が未発達な時期、地域社会において、「神のタタリ」などといわれる言説は、科学的な裏付けがなくても「やるべきでない」こととして、また、経験的な言い伝えが「タタリ」などという抽象的な表現に盛り込まれるなかで、非常に重く受けとめられていた。

明治国家は近代国家を目指し、富国強兵をスローガンとする。その意味において、科学を重視することになった。国内でも産業革命が起き、大正期になると工場地帯が形成されていく。戦後になれば、車社会が到来し、開発の名の下に道路が整備され、山は削られ宅地となる。そして、地域での伝承や言い伝えは、非科学的なものとして（根拠のないものとして）抹殺されることになるのだ。結果、私たちは物質的な豊かさを手に入れることができた。しかし失われたものも少なからずあった。まさに環境問題は、豊かさのなかで見失われてしまった要素なのである。

近世社会は、地域重視の社会である。領主権力においても、地域の揉めごとに対し、必要以上に直接関与しない。ある意味、地域は地域内の人々の合意によって成り立っていた（拙著『地域形成と近世社会』岩田書院、二〇〇六年）。よって、今回訴訟の論点である石炭焚についても、近世のときは実力行使が行われ、阻止されている。しかし、明治国家成立によって、司法の存在がクローズアップされるなか、地域内の問題でも、訴訟という形で司法の場での解決が図られることになったのである。その結果は、村側敗訴であった。理由は、①塩田所有権の確立、②石炭焚を行わないという明確な契約書の欠如、③石炭焚と作物の被害の因果関係の不明瞭、などといった点である。村側で石炭焚と作物被害の関係を明確にすることなしに、勝訴はなかったのである。当時の明治国家は、一般的な法律整備が中心であり、環境問題などへの配慮にはまだまだ不十分であったのである。

●歴史学の視点から●

公害問題についての理解の仕方は多様である。私の立場は、公害問題への理解が法的根拠として不十分であったという点を中心に言及したが、やはり公害問題は、住民運動、社会運動などの問題として運動の展開から解明しようとする研究の方が多く見ることができる。こういう立場や見解の違いを直視し、両者の方法論を読み進めることは重要な点である。それによって、事実に対する評価も大きく変わってくるからだ。こういう立場については、決して周囲の雰囲気に呑まれるのではなく、しっかり勉強して自分自身で確固たる立場を作り上げてほしい。また、本文中でも取り上げた小田康徳氏は、「近代日本における公害・環境問題の歴史と地方史研究」[1]において、公害と公益思想の関係を指摘している。是非参照してほしい。

公害問題をテーマとする成果は、まだ始まったばかりの新しい問題である。ただ、新たなテーマとしては重要なテーマであるので、是非とも多くの研究が求められるところである。

1 小田康徳「近代日本における公害・環境問題の歴史と地方史研究」(『地方史研究』三一六、二〇〇五年)。

第二部　古文書で見る江戸時代

第一講「敵に塩を送る」という話

塩は生活必需品です。現在、塩分の取り過ぎで高血圧など病気の原因になることも多いようですが、生活に欠くことのできない産物であることは、昔も今も変わりません。軍需物資として、塩の確保は、米と同様、大切な課題だったのです。

「敵に塩を送る」という言葉は、岩波書店『広辞苑（第四版）』を参照すると、「（上杉謙信が、塩不足に悩む宿敵武田信玄に塩を送って助けたという故事から）苦境にある敵を助ける」と書かれ、よく知られた話です。この話をもう少し具体的に述べると、次のような内容になります。

今川義元の跡目を継いだ氏真は、武田信玄の非情な仕打ちを憎み、舅に当たる北条氏康とともに、武田氏領国の甲斐・信濃・西上野に対し魚や塩の輸送を停止しました。さらに氏真は、この政策を徹底するために、上杉謙信にも使いを出し断塩同盟への参加を呼びかけたのです。しかし、このとき、謙信は断塩同盟には承服せず、むしろ越後の塩商人に対して信濃・甲斐へ塩を送ることを奨励し、しかも謙信は塩の値段を高くして暴利を貪らないようにと越後の塩商人に命じたというのです。ご存知のように、当時武田氏と上杉氏は川中島などで何度も戦った敵同士の間であり、謙信の「塩を送る」話は上杉謙信を賞賛する戦国美談として知られています。

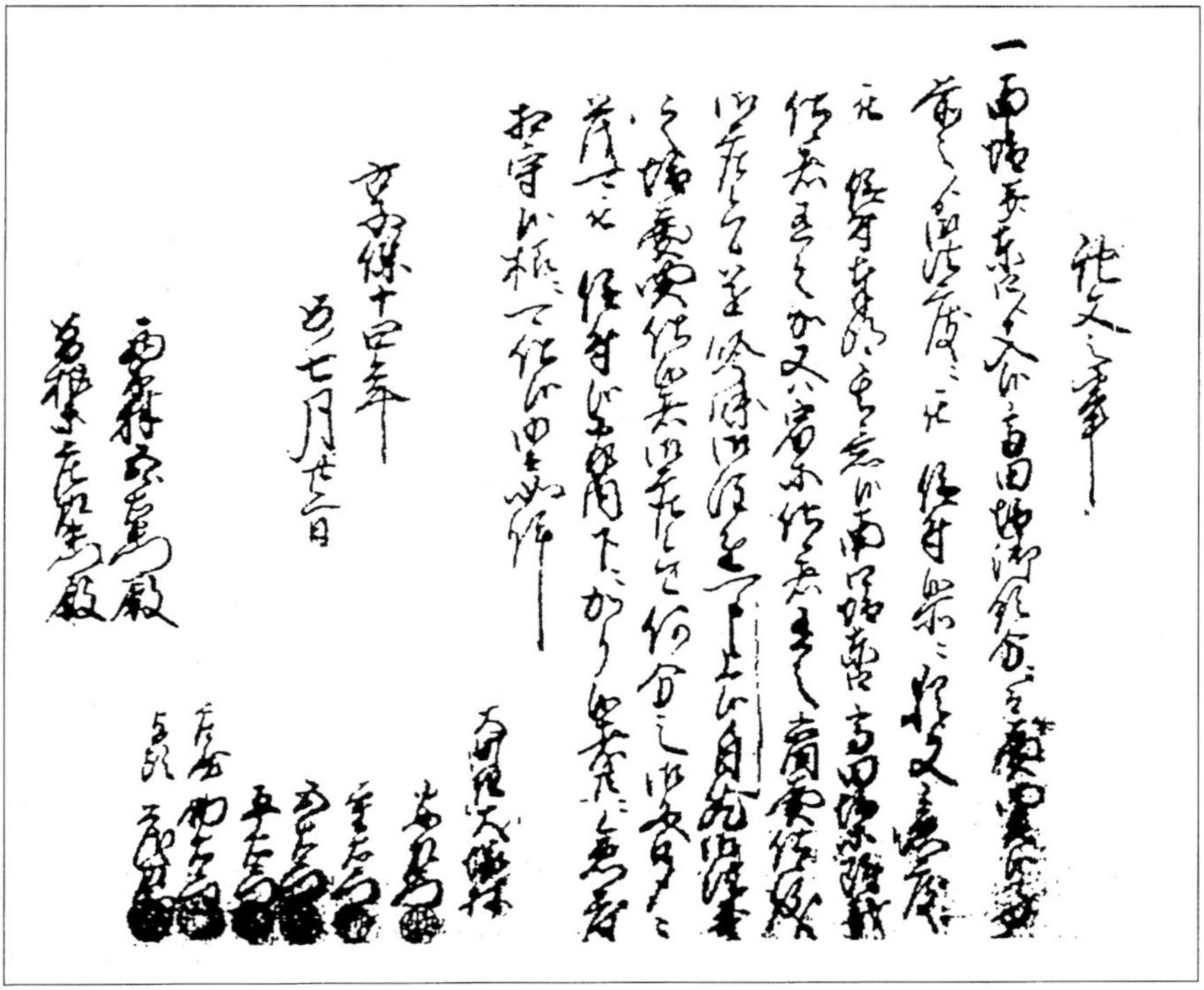

この「塩を送る」という話は、『北越軍談』『逸史』をはじめ、多くの歴史書に見られます。しかし、江戸時代の元禄以降に書かれた史料に見ることはできるものの、それ以前に書かれた史料からこの話を見つけることはできません。ましてや戦国時代当時の史料からは、謙信が信玄に「塩を送る」という話を見つけることはできないのです。これだけ有名な「塩を送る」という話が、当時の史料からは見つけられないというのは何故でしょうか。

また、糸魚川の信州問屋であった町沢藤左衛門が寛政七年（一七九五）に代筆させ改写したものとして、「信州問屋由来記鑑」という文書があります（以下「由来記」とします）。この「由来記」には、「塩を送る」という話が、天正二年（一五七四）の話として書かれています。しかしながら、この

「由来記」の書かれた時期は寛政七年であり戦国期当時の史料ではなく、史料的に確証を得るには至っていません。このため、「塩を送る」という話は史実ではなく、江戸時代以降に作られた「作り話」ではないかといわれています。

では、何故「塩を送る」という話ができたのでしょうか。もし史実でないとしたら、何故江戸時代に世間に知れわたるような有名な話が「作られた」のでしょうか。ここでは一つの史料を参照し、考えてみることにしましょう。

史料の場面である大町は、信濃国（現長野県）のなかでも北寄りで糸魚川街道の中継点として栄え、塩蔵が設置されていました。この史料は、享保十四年（一七二九）には、「南塩」と「東口斎田塩」（斎田塩は、現在の徳島県の海岸で作られていた塩の名称）の売買が行われていることは、以前からの法度であることを指摘し、今後塩の売買を行わないことを松本藩が命じたのを受けて出した大塚村の側からの証文です。

「南塩」とは、一般に伊那街道と甲州から送られる塩のことを指します。一方「東口斎田塩」は、どこから送られた塩のことか、確証はありませんが、北国街道を経由して大町へ送られてきた塩のことか、甲州から送られてくる塩を、この時期伊那街道から送られてくる南塩と分けて呼んでいたものと思われます。要するにこの時期、以前から、大町付近についての塩事情は、①北国から送られる塩＝「北塩」を大事にしていた、②しかしこの時期「南塩」や「東口斎田塩」が送られるようになってきた、そしてその売買は、法度として禁じられている、という二つの点が指摘できるのです。

こうして考えると、享保期以前から大町に送られていた塩は北国塩が中心であり、越後を中心とした北国の塩商人と密接な関係にあったことがうかがわれます。しかし元禄期ごろから「南塩」や「東口斎田塩」などの塩が大町に送られるようになり、北国の塩商人が自分たちの立場を守るためにこの「塩を送る」という話を作り出した、とも考えることができるのです。それは歴史書に登場する時期とも、ほぼ時期的に合致するのです。

しかし北国の塩商人が、この「塩を送る」という話を作成したという事実も定かではありません。十分に考えられることではありますが根拠はありません。ただしこの後も、自分たちの立場を守るために、この「塩を送る」という話を利用し「南塩」や「東口斎田塩」の移入に対抗する、したたかな越後の塩商人の姿を見ることができるのです。

〔史料釈文〕

証文之事

一南塩幷東口ゟ入候斎田塩御領分ニ而商売候事、
前々ゟ御法度ニ被　仰付候所ニ猶又急度
被　仰付奉得其意候南口塩東口斎田塩等附越
仕候者有之か又ハ宿等仕候者有之、商売仕候儀
御座候ハヽ遂吟味御注進可申上候、自然御法度
之塩商売仕候者御座候ハヽ、何分之御咎メニ
茂可被　仰付候、家内下ニ加り候者共ニ急度
相守候様ニ可仕候、仍而如件

享保十四年　　大町組大塚村

酉ノ七月廿二日

安左衛門㊞
重右衛門㊞
五右衛門㊞
平右衛門㊞
庄屋　助右衛門㊞
与頭　茂左衛門㊞

栗　林　五郎右衛門殿
曽根原　庄左衛門殿

第二講

年貢減免と塩浜由緒書

行徳塩田（現千葉県市川市）のことを記した「塩浜古来之事」という史料を紹介しましょう。この史料は、本文にも掲載してある序文と行徳塩田の由来、そして行徳塩田の中心地であった本行徳村の村明細帳の三つの内容で構成されています。史料として掲載したのは、序文と覚（「塩浜由緒書」）の最初の部分です。史料にも掲載しました序文の内容を読んでみましょう。以下のような内容が記されてあります。

行徳塩田の年貢減免を願い出たのであるが、当初認められていなかった。しかしながら、杢之進覚書（「塩浜由緒書」）が間違いのないことを確認すると、年貢の減免が許可された。

つまり、当初認められなかった塩浜年貢の減免が、「塩浜由緒書」の内容に間違いないことが確認されたら、許可されたというのです。行徳塩田の由来をまとめた「塩浜由緒書」は、いろいろな場所で見ることができます。何故、「塩浜由緒書」が各所に残されているのでしょうか。

冒頭部分しか史料を掲載しませんが、「塩浜由緒書」には、行徳塩田の創業の由来や様子だけでなく、歴代の将軍と行徳塩田の関わりが記されています。たとえば、家康が東金への鷹狩のさい行徳での塩焼の様子を見て、塩のことを「軍用第一、御領地一番之宝」と大喜びし、金子を与えたことや、二代将軍秀忠や三代将軍家光が拝借金を与えたことなどが記されています。さらに八代将軍吉宗も、行徳塩田で生産した塩は江

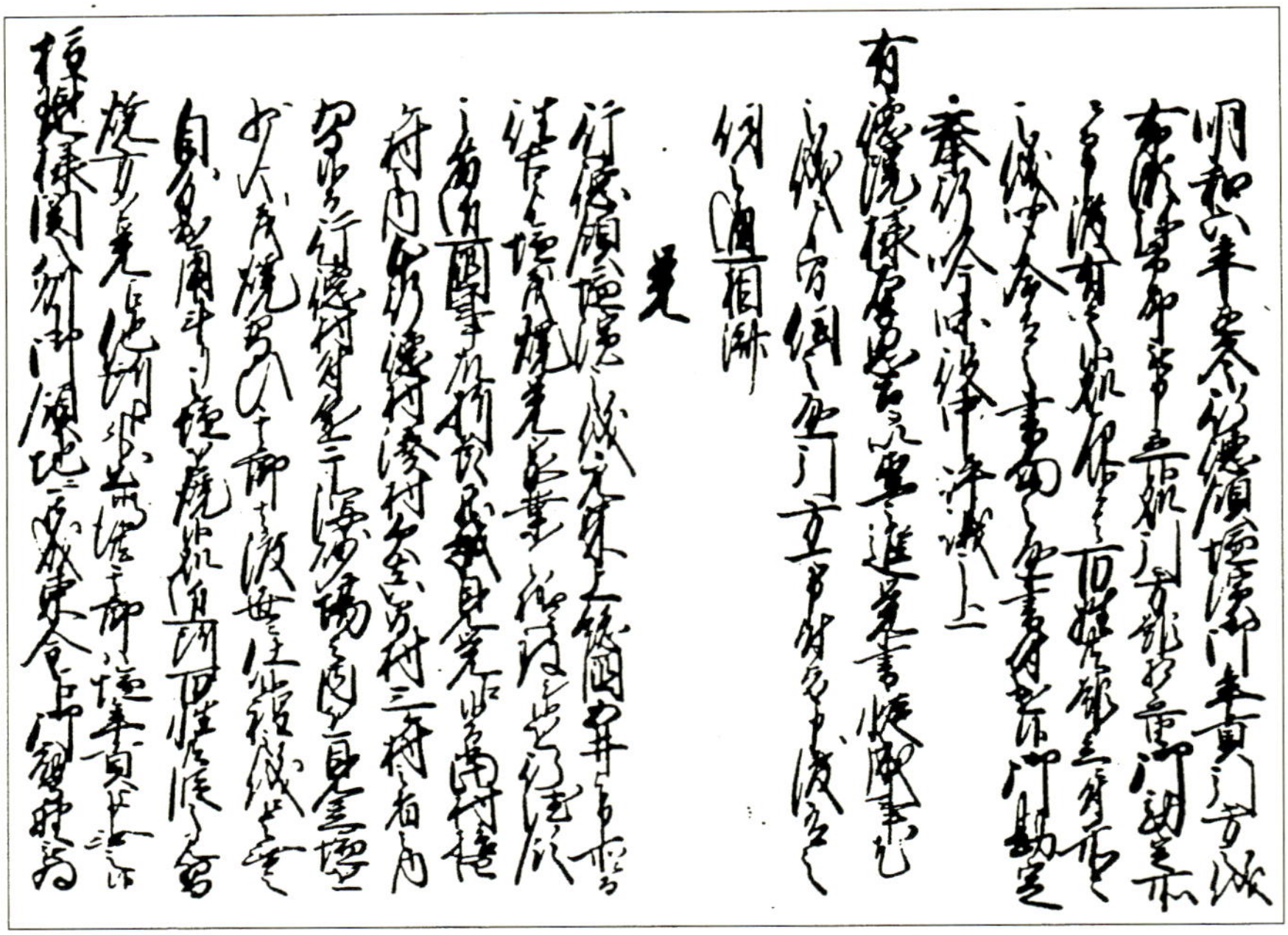

戸城下をはじめとして関八州の必需品であるとしています。

こうした歴代将軍と行徳塩田との関わりを示すことは、単に地域の自慢話を述べるにとどまらず、幕府に年貢減免などを願い出るときの有効な手段でした。江戸幕府の基礎を築いた、徳川家康・秀忠・家光、そして中興の祖である八代将軍徳川吉宗などが行徳塩田に対して手厚く保護していたことが本当ならば、少なくとも江戸時代では行徳塩田に対し、なおざりに対応するわけにはいかないでしょう。さらに、この史料には、「塩浜之分者無年貢地ニも可被仰付程之思召候得共、左候而者百姓共奢之心生シ後々塩稼も未熟に罷成候間……」と、本来塩浜は無年貢地でもよいようなことを記しています。年貢減免を意識した内容と言えるでしょう。

近世中・後期になると、このような由緒書は至るところで作成されています。また、由緒書の内容を盛り込んだ形で訴願が行われるようにもなります。行徳塩田でも、年貢減免だけでなく、塩浜の堤が破損したときなどに幕府が普請費用を請け負う御普請を願い出るときも、由緒書の内容を盛り込んだ訴願となっています。単に年貢減免や御普請を願い出ても認められないことが、こうした由緒書を盛り込み主張することで認められることが、しばしばあったのです。

瀬戸内地方の塩田と比較すると自然条件で圧倒的に不利であった行徳塩田が、江戸時代を通じて維持され続けた理由はいくつかあげられます。その理由の一つとして、由緒書などを主体的に作成し、それを訴願の内容に盛り込むことで、年貢減免や塩浜御普請などの訴願を有利に導いたことがいえるでしょう。先の「『敵に塩を送る』という話」でも触れましたが、このときは、越後の塩商人が古くからの由来を信州に伝えることで、商圏の維持を図ろうとしています。

江戸時代の由緒書は、人物や地域などを盛り込みいろいろな形で叙述されています。これまで、由緒書は当時の史料でなく言い伝えなどが多く記されていることから、二次史料として扱われ、取り上げられることが少なかったようです。しかし現在、由緒書は事実か否かを鑑定するだけでなく、①その由緒書がどのような意図で作成されたのか、②具体的な由緒書の内容が由緒書の作成意図とどのように関係があるのか、などを考える素材としても存在価値が見直されつつあるのです。

〔史料釈文〕

明和六年丑冬、行徳領塩浜御年貢引方之儀、

布瀬弥市郎被申立候処、引方難相立由御勘定所

ニ而申渡有之候処、左候而者百姓共難立ニ付、前々

之儀聞合有之書面之通書付遣候、御勘定
奉行吟味役中評議之上
有徳院様厚思召ヲ以杢之進覚書慥成事尤
之儀ニ候間、伺之通引方可申付旨申渡有之、
伺之通相済

覚

行徳領塩浜之儀、元来上総国五井与申所ニ而
往古ゟ塩茂焼覚家業之様ニ致シ候を、行徳領
之者近国事故折節罷越見覚江候而、当村拾四
ケ村之内本行徳村・湊村・欠真間村三ケ村之者之内
習候而、行徳村付遠干潟砂場之内を見立、塩を
少々茂焼習ひ、其節者渡世ニ仕候程之儀ニ者無之、
自分遣用斗り之塩を焼候処、近所百性(姓)共段々見習
焼方を覚江、他所江ト出候得共、其節ハ塩年貢与無之候、
権現様関八州御領地ニ罷成、東金江御鷹野被為

第三講

塩浜で働く人々

塩は生活必需品でありながら、日本には岩塩が存在せず、海から採取しなければなりません。このため、古代から日本の海岸沿い各地で塩作りがなされました。

江戸時代、立地条件や自然条件に恵まれた瀬戸内は、入浜塩田が築造され、一大特産地を形成しました。他の地域の塩田は淘汰されることになり、江戸時代の後半になると全国の塩生産高の八割以上を瀬戸内で生産したといわれます。瀬戸内十州（周防・長門・安芸・備後・備中・備前・播磨・伊予・讃岐・阿波）で生産されたことから、十州塩田ともいわれます。瀬戸内で生産された塩は全国各地に運ばれました。竹原（広島県）や三田尻（山口県）で産出した塩は北海道や東北へ、赤穂（兵庫県）の塩は関西や関東へ、斎田（徳島県）で産出した塩は関東へ運ばれたのです。

入浜塩田、すなわち潮の干満差を利用して海水を塩田に導入する方法は、兵庫県の荒井浜を先駆とし、赤穂浜で成立し、その後瀬戸内各地に伝播していきます。作業は一町歩（約一〇〇メートル四方）を単位とし、釜屋・浜子小屋などを装備した一軒前を基礎としました。作業範囲が広大なため、塩浜での作業は家族ではなく、ほぼ七人前後の年契約（年季奉公）の浜子と、いわばパートタイマー的な寄せ子によって構成されたのです。

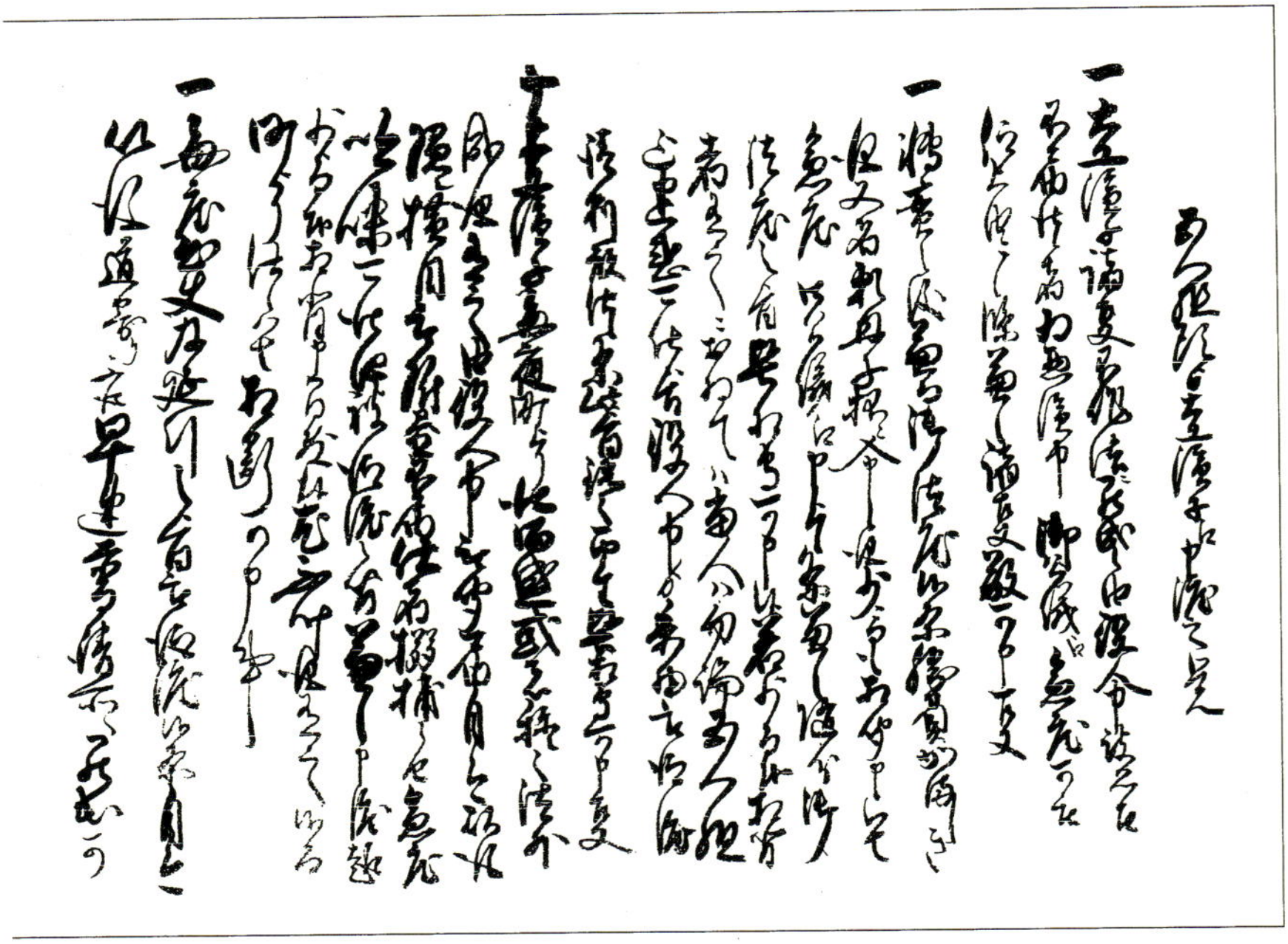

安芸国竹原塩田は、慶安三年（一六五〇）に開発された塩田です。瀬戸内にある入浜塩田のなかでも比較的早く築造されました。広島藩最大の塩田としても知られており、入浜塩田の技術は赤穂塩田から伝えられたといわれます。頼山陽の父で広島藩の儒者である頼春水や『芸藩通志』を編纂した頼杏坪など著名な学者が輩出した頼家も塩業経営で富を築きました。開発当初、竹原塩田の負担は塩年貢として現物が納められましたが、元禄十二年（一六九九）以降、販売量に応じて運上銀を支払う俵懸り運上といわれる方式に変更し、さらに正徳三年（一七一三）からは一年で八六貫目を支払う定運上に変更しました。

竹原塩田には、八〇〇人以上が従事していましたが、そのうち九割以上の約七五〇人が男性でした。浜主とその家族は塩田内に居住することもありましたが、多くは隣接した竹原町に居住していました。年齢構成は一五歳から六〇歳までと幅広

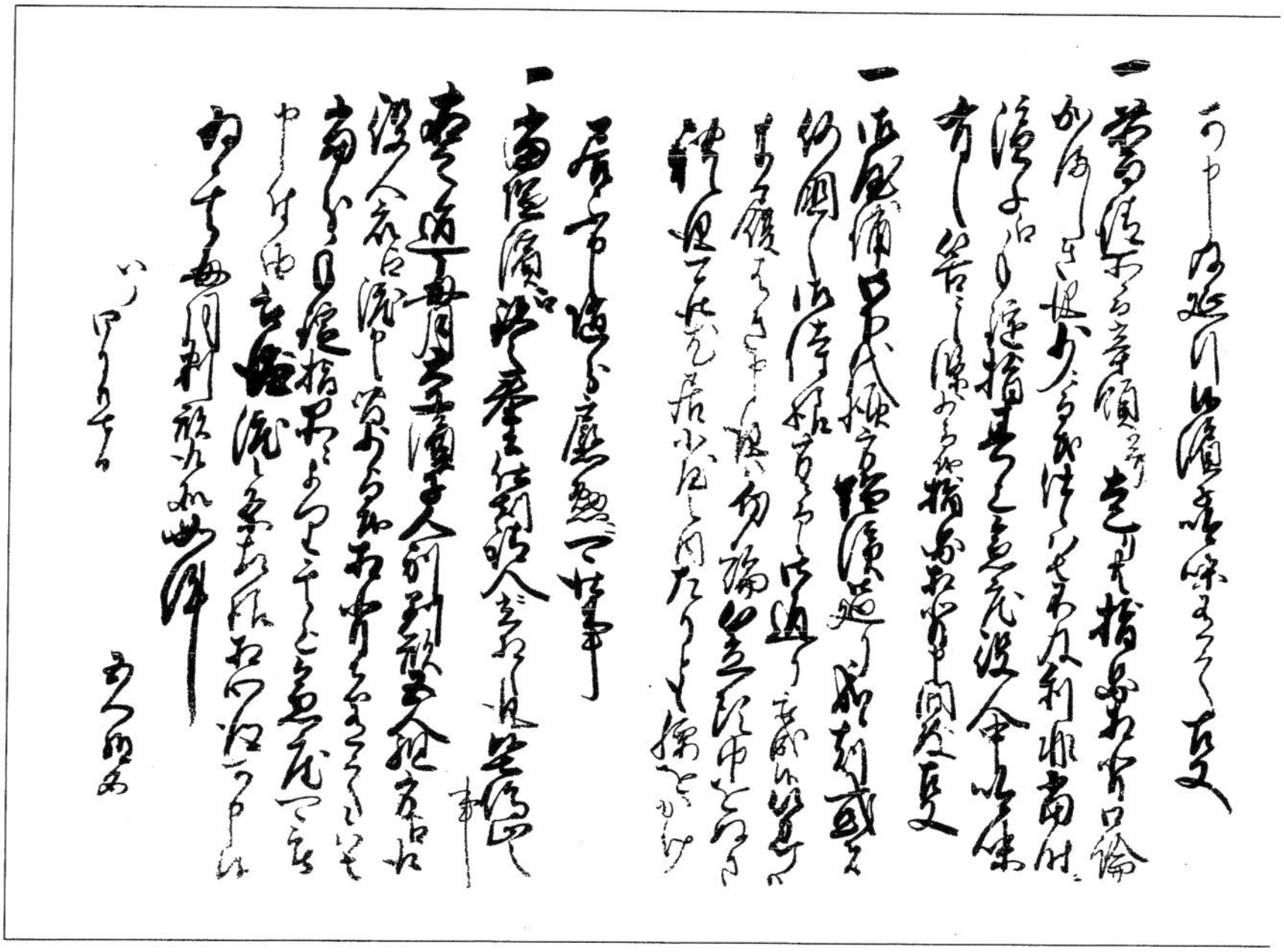

く、そのうち四分の三が二〇歳から三五歳までです。浜子として塩浜に来るときは保証人である請人を必要とし、浜子は宗門人別帳に登載されました。浜子の出自は二男・三男が多く、広島県域一帯の広い範囲からやってきます。勤務年数は二年から三年程度が多く、独身の男性が数年間塩浜で働き、その後再び出身の村に戻るのです。

浜子は年季雇いのため、毎年雇用契約が結ばれます。毎年十二月、塩浜の経営者（浜主）と浜子の棟梁に当たる大工（竹原塩田の場合は大工といいますが、名称は場所によって異なります）全員が集まる大寄合において、その年の給銀が決められました。さらに、有能な浜子を獲得するため給銀がつりあがることを防ぐために、大工—上浜子—上脇—中浜子—かしき、などといった序列に応じて給銀は決められました。経営者としての浜主は塩の販売に関与するものの、塩田での製塩作業にはかかわらず、上浜子以下の浜子の雇用を含め一切は棟梁である大工に任されたのです。浜子は給銀とともに毎日の飯米が支給されました。「浜子するものは一升飯食うが昼の持目に油汗」という浜子唄があります。現在、われわれが一日に食するご飯の量は、三合弱といわれますが、当時の浜子は七合五勺食することになっています。その量は大げさな面もあるでしょうが、浜子であれば飯米を十分に食することができたというのは魅力であったに違いありません。浜子は、塩田内に設けられた浜子小屋で共同生活をしました。そして、一年間の給銀の六割程度を前銀として事前に受け取ります。それらは、浜子の過重な労働の裏付けでもあったのです。

浜子は、年季奉公として給銀をもらい、浜子小屋で共同生活を行いながら常に飯米を食することができました。このことは、近世前期の段階から変化はありません。ただ、浜子の代表でもある大工と浜主が立ち会い寄合での交渉がなされた上で給銀を決定するのは、実は開発当初からのことではありません。

浜子にとっての製塩作業は、早朝五時には始まります。その後夕方まで、途中わずかな休憩時間を除いて、ほとんど絶え間なく作業は続きます。しかも炎天下での作業は大変な重労働でした。このため塩田から逃げ出す浜子（＝走り浜子）も多かったのです。

引用史料を参照しましょう。はじめの史料は、浜主の五人組頭から、浜子の棟梁である大工、そして浜子に対して出された覚書です。同史料の冒頭の表現からもわかるように、浜主だけの寄合を開催し、その結果を大工をはじめとした浜子に伝達していました。当時、塩浜内では喧嘩や口論などが多発し、治安維持が図られました。簡単に箇条書きでまとめると、①公儀（領主）の触れを遵守すること、②博奕やそれに類した頼母子などすべてを禁止すること、③毎夜町場で酒盛りや乱暴を取り締まること、④普請所で、わざと作業を延ばしたりする浜子に対し吟味すること、⑤走り浜子や差図に反発する浜子は、正否にかかわらず手錠をして、役人の吟味を受けること、⑥藩内外の侍が塩田内を通るときには、履き物だけでなく笠や頭巾も脱いで礼儀正しくし、また、小屋のなかにいたとしても、腰をかけずに慇懃にふるまうこと、⑦塩浜の奉公人には請人（保証人）を必要とすること（史料では請人が立ち会うことを停止すると解釈できますが、誤りでしょう）、などが伝えられています。

塩田の合理化として、いくつかの隣接する塩田を統廃合し一区画当たりの面積を拡大することがなされました。当初、塩田の一区画は五反歩程度でしたが、漸次統廃合が行われ、一町歩程度まで拡大したのです。本来田畑の場合は、検地帳が作成され、一区画当たりの耕作者がそれぞれ決められ、その耕作者が年貢を支払うことになっています。それに対し、竹原塩田の場合、正徳三年に塩田全体として八六貫目を支払うことが決められたため、誰がどれだけ支払うかは塩田内で決めればいいことでした。このため、塩田の統廃合が進むことになったのです。この塩田の統廃合は釜焚きなどを合理的に行う方法でしたが、同時に一区画当たりの作業場の浜子の作業人数は増加するものの、竹原塩田の総数自体は減少を意味したのです。一区画当たりの浜子の人数は増えるといっても、作業面積も拡大するので、実質的には労働強化でした。

当初、塩田から逃げ出した走り浜子への対策は、手錠をして塩田内を引き回し二度と雇用できないようにして、その上で塩浜から追放するといった厳しいものでした。そのさい「片頭《かたかしら》を剃る」といわれ、髪の毛半分を剃った上で、追放することもありました。最初の段階の走り浜子対策は、こうした身体刑による厳罰主義によってなされていましたが、しだいに変化が見られるようになります。そのきっかけとして三つ指摘しておきましょう。

一つは、製塩作業には熟練の浜子が必要となってきたという点です。塩田の作業でも、合理化が求められるようになりますが、釜屋での作業は多大なコストを必要としました。燃料を効率的に使用することは、塩業経営の損益にかなりの比重を占めたのです。このため、浜子の雇用も二、三年で交替するのではなく、長い期間勤めてもらい、製塩作業に精通した人が求められたのです。

二つは、塩田に課せられる負担方法が俵懸り運上（売上高に応じて運上銀を課す方法）の場合、販売量を掌握するため領主が御勤番所を設け、浜下代を派遣しました。このため、領主権力を後ろ盾として浜主は浜子を掌握していました。しかし、定運上となることで御勤番所が廃止され、塩浜の風儀も悪くなったのです。こうしたことから、塩浜自体で取締りなど運営能力を高める必要があったのです。

三つは、正徳期ごろになると、広島藩領域をはじめとして藩内外に多くの塩田が築造されています。このため、浜子が竹原塩田を追放されても、他の塩田で雇用される可能性が高まったのです。これらの要素は、浜子の賃銀を一定度高くし、定住性を持たせ、有能な浜子を継続的に塩田内で雇用する必要性が出てきたことを意味しました。身体刑による厳罰主義で浜子を取り締まるのではなく、労働環境をよくすることで、有能な浜子を引き留めるようにしたのです。享保期になると、毎年十二月には給銀と雇用規定を定めた「塩浜奉公人格式」が作成されるようになりました。この帳面には、浜主と大工の両者の印鑑が押されています。浜子全員の意見を聞くまでには至りませんが、浜主だけでなく、浜子の代表ともいえる大工を含め、毎年、雇用条件が定められるようになったのです。

〔史料釈文〕

五人組頭ら大工浜子江申渡之覚

一大工浜子諸事不作法ニ罷成候由役人中被思召、

不届仕候者為惣浜中御公儀江急度可被
仰上由ニ候条兼々諸事敬可申事
一博奕之儀、兼而御法度候条勝負かましき
儀、又者頼母子抔ニ入申候儀、少ニ而も相聞申候ハ者、
急度御公儀江申上候条兼々随分御
法度之旨堅相守可申候、若少而茂相背
者有之ニおゐてハ当人ハ勿論五人組
迄迷惑可仕旨、役人中ゟ委細被仰渡
請判形仕候条此旨銘々平生堅相守可申事
一大工浜子毎夜町上り仕酒盛或者種々法外
成儀有之由役人中被聞届、自今以後
隠シ横目被附置不届仕者搦捕らせ急度
吟味可仕儀被仰渡候間、兼々申渡趣
少ニ而茂相背申間敷候、尤不叶儀有之候而
町上り仕候ハ者相断可申事
一毎度出夫及延引之旨被仰渡候条、自今
以後道寄り不仕早速普請所へ罷出可
可申、及延引候浜子吟味有之事

一普請所ニ而辛領幷走り共指図相背口論
かましき儀少ニ而茂仕候ハ者不及利非、当時ニ
浜子江手錠指其上急度役人中吟味
有之筈ニ候条、少ニ而茂指図相背申間敷事
一御屋鋪御下代様方塩浜御廻り被成候刻或者
何国之御侍様方ニ而も御通り被成候節ハ、
木履はき申儀ハ勿論笠頭巾をぬき
礼儀可仕、尤居小屋之内たりとも腰をかけ
居不申随分慇懃ニ可仕事
一当塩浜江銘々奉公仕刻請人ニ立相候儀堅停止之事
右之通毎月大工浜子人別判形五人組方江取
役人衆江渡申候間、少ニ而茂相背者有之候ハ者
当分手錠指、品ニより其上急度可被
申付由被仰渡候条左様相心得可申候、
為其毎月判形取処如件
いノ四月廿七日　　　　五人組名

（市立竹原書院図書館所蔵「塩業関係史料」）

第四講　甘蔗砂糖の広がりと池上幸豊

正徳五年（一七一五）、幕府は長崎貿易の取引について、清国船は年三〇隻・銀六〇〇〇貫、オランダ船は年二隻・銀三〇〇〇貫に制限しました。いわゆる正徳新例（海舶互市新例）です。この貿易制限令は、新井白石の立案に基づいたものでした。新井白石の政治は、正徳の治といわれ、五代将軍綱吉の治政を批判し、儒学思想に裏打ちしたものとして知られています。当時、幕府は長崎貿易について、大きな問題を抱えていました。それは、輸入品の量・額の増大に対し、輸出品である金・銀が不足しつつあったことです。江戸時代の初頭、日本では、世界でも有数な金銀採掘量を誇っていました。しかし、それも一〇〇年のうちには枯渇してきたのです。この金銀不足の解決策として、元禄期には、勘定吟味役であった荻原重秀が、貨幣の金銀含有量を減らす貨幣改鋳を実施しました。しかしそれは、インフレを招くことになり、失敗に終わったのです。

輸入に頼っている品の国産化を図るということ。このことが具体的な懸案事項として取り上げられるようになったのは、ちょうどこのころでした。その一つが砂糖です。宮崎安貞『農業全書』の甘蔗（さとうきび）の項を参照すると、「和国の財を外国へ費しとられざる、一つの助たるべし……」と、金銀流出を防ぐために、甘蔗の国産化を提唱しています。実際、新井白石も甘蔗栽培事業の育成を意図し、『天工開物』などの漢籍調査を行っています。さらに、八代将軍徳川吉宗の代になると、享保十二年（一七二七）島津継豊が落合孫右衛門を呼び寄せ、江戸城浜御殿で甘蔗の試作を実施しています。

さて、池上太郎左衛門幸豊は、甘蔗砂糖の製造に尽力し、白黒両方の砂糖を各地に普及した人物として、「和製砂糖の元祖」といわれます。江戸時代の砂糖製造といえば、薩摩奄美地方での黒砂糖が知られますが、全国に広めたのはこの人物です。池上家は、代々、武蔵国川崎領大師河原村（現川崎市）の名主役を務めています。池上太郎左衛門も、享保十四年（一七二九）に大師河原村の名主役を命じられています。さらに、明和五年（一七六八）には苗字帯刀の許可を受け、池上幸豊と名乗るようになりました。これだけでは、どこにでもいる村役人と同じですが、幸豊が他者と大きく異なる点はずば抜けた実行力と身分を超えた広い交際範囲でした。幸豊の才能を引き出したのは、彼自身の能力だけでなく、周囲の人々でもあったのです。

史料1

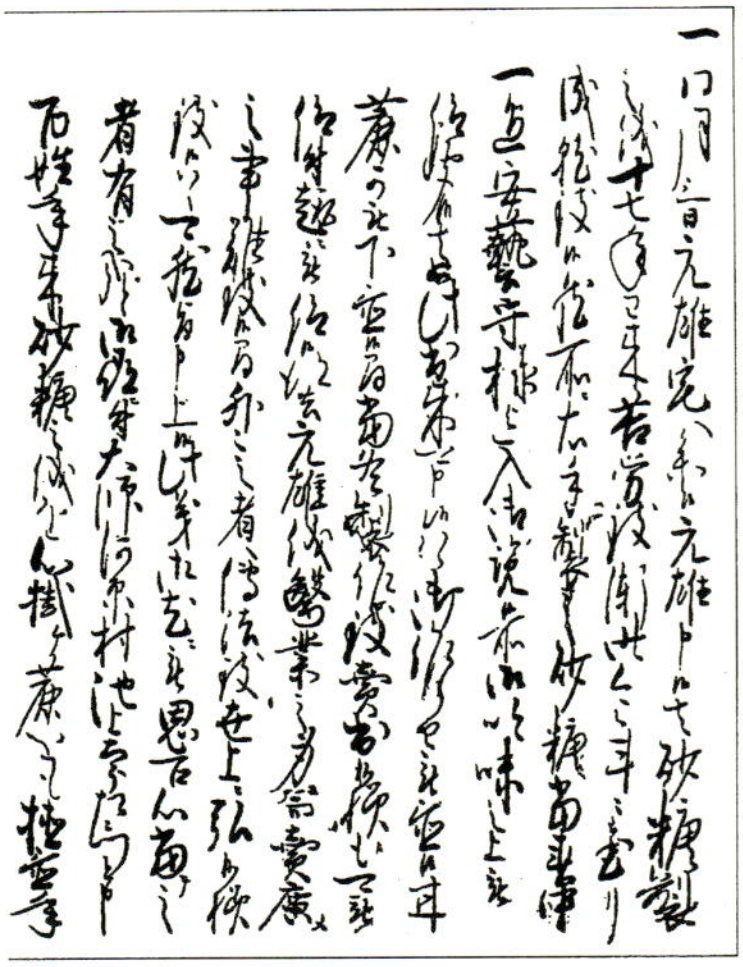

田村藍水（元雄）は、医業を生業としながら、本草学者としても知られます。元文二年（一七三七）、藍水が二〇歳のときに、将軍吉宗から朝鮮人参の実を拝領し、繁殖に取り組んでいます。藍水は朝鮮人参栽培の第一人者として知られ、『人参譜』を著し、「人参先生」ともいわれていました。さらに藍水は、平賀源内の師匠としても知られ、源内とともに江戸で薬品会を開催しています。幸豊は、この田村藍水や平賀源内と交際があったのです。史料1では、田村藍水が砂糖製造の伝法者として幸豊を推挙したことが記されています。藍水の甘蔗砂糖の試作は、始めて

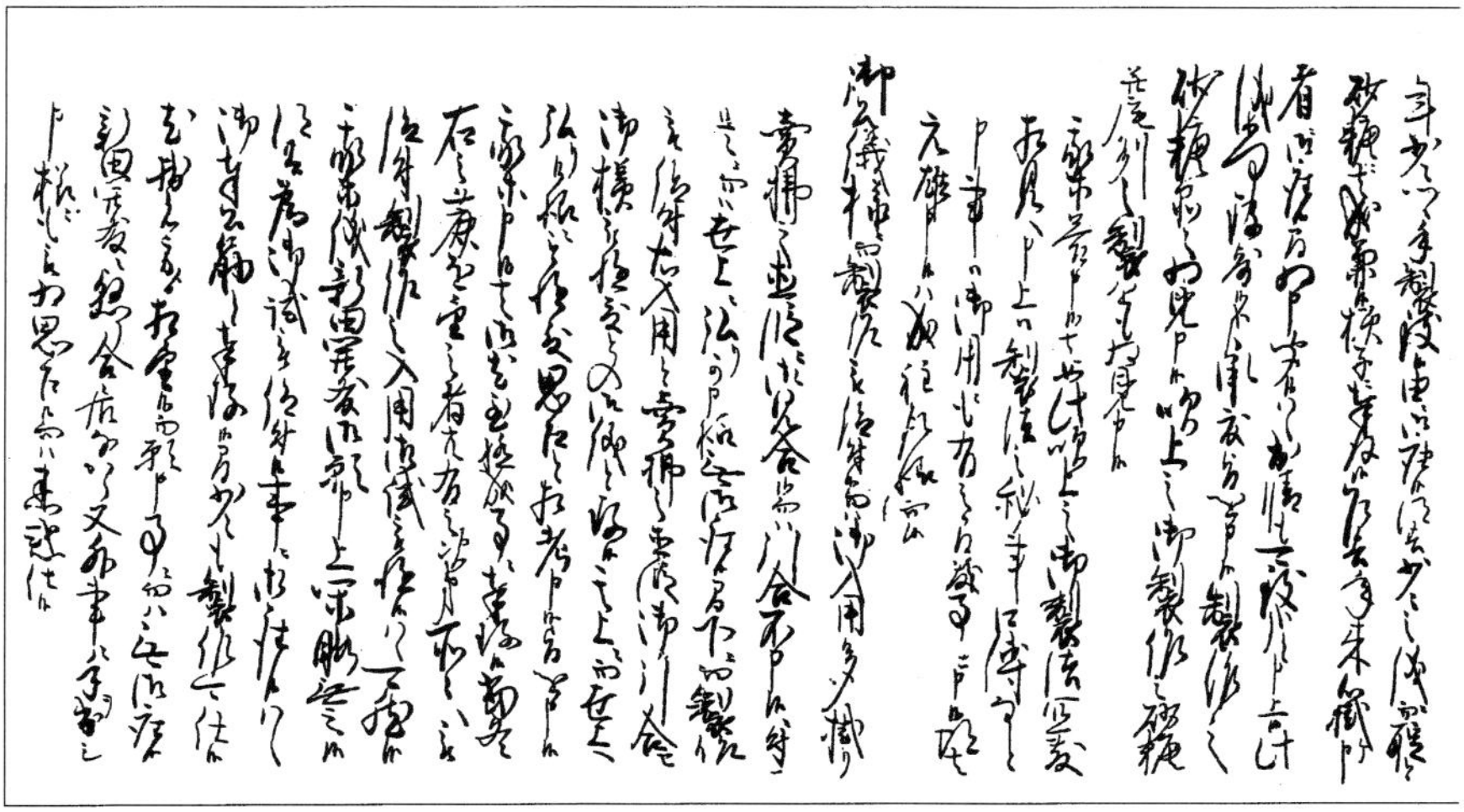

から一七年を経た宝暦十一年（一七六一）五月に実ったのです。甘蔗試作品を勘定奉行一色安芸守に見せたところ、当年の冬までに実用化することが指示されました。しかし藍水は、自身が医業を生業としており甘蔗砂糖の普及活動は困難であるとし、ほかに栽培方法を教示したいと返答しています。池上幸豊が伝授先として推挙されたのです。しかし、この推挙を受けた幸豊は、二つの理由をあげてすぐには承諾しませんでした。一つは、御用という形で将軍家へ献上するのであれば製造可能だが、製造費用と販売値段を考えたとき、商品として引き合わないということ、もう一つは、当時の幸豊は新田開発事業に努力を注いでおり、甘蔗の育成・販売にまで手が及ばなかったことです。そこで、しばらくの間は試作を続けることとし、試行錯誤を繰り返すことになりました。

　甘蔗苗の育成について、試行錯誤が行われる過程で、いくつかのことが判明しました。たとえば、甘蔗苗は、湿気・寒気の強い場所や山などに影響された日陰の場所などは不適地であり、逆に、日当たりがよく土地の厚い場所は好適地であるということ。また肥料は、干鰯・〆粕がよく、植付けは苗を横に植えそ

史料2

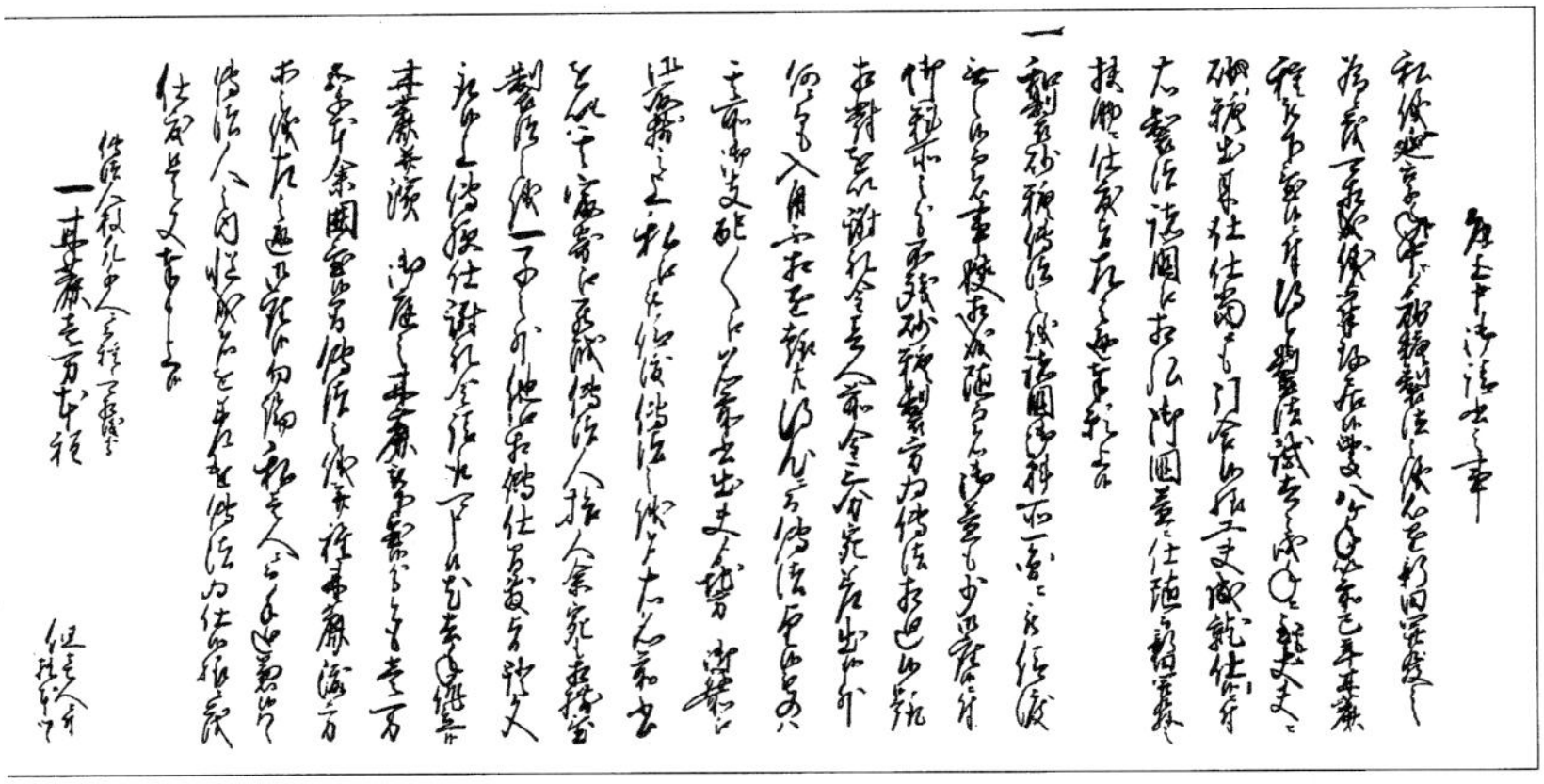

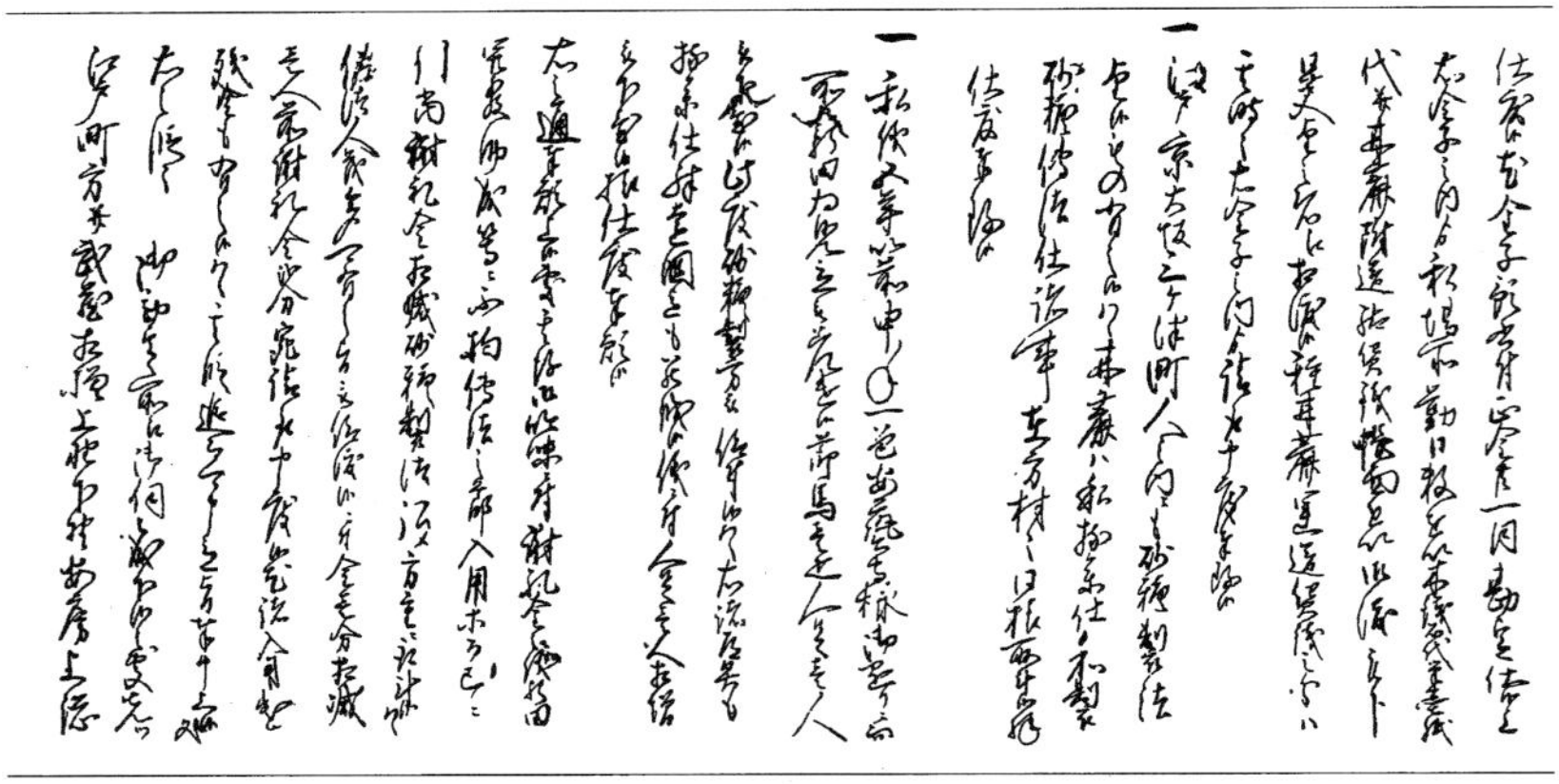

の上に土をかけるのが良いとされています。こうした甘蔗製造における適性が判明することで、しだいに実用品として具体化されたのです。

甘蔗苗の育成は、地元周辺（川崎領・稲毛領・神奈川領）に範囲を拡大して実施しました。結果は、一応の成果が得られたことで、甘蔗製法伝授の許可を願い出たのです。製法伝授の出願は数度のやりとりを経て、明和五年三月に関東の御料所を中心に甘蔗砂糖の伝法が許可されました。そのさいの請書が史料2です。

同史料は、御料所一帯に砂糖製法伝法の廻村を意図したもので、訴願内容と許可内容につい

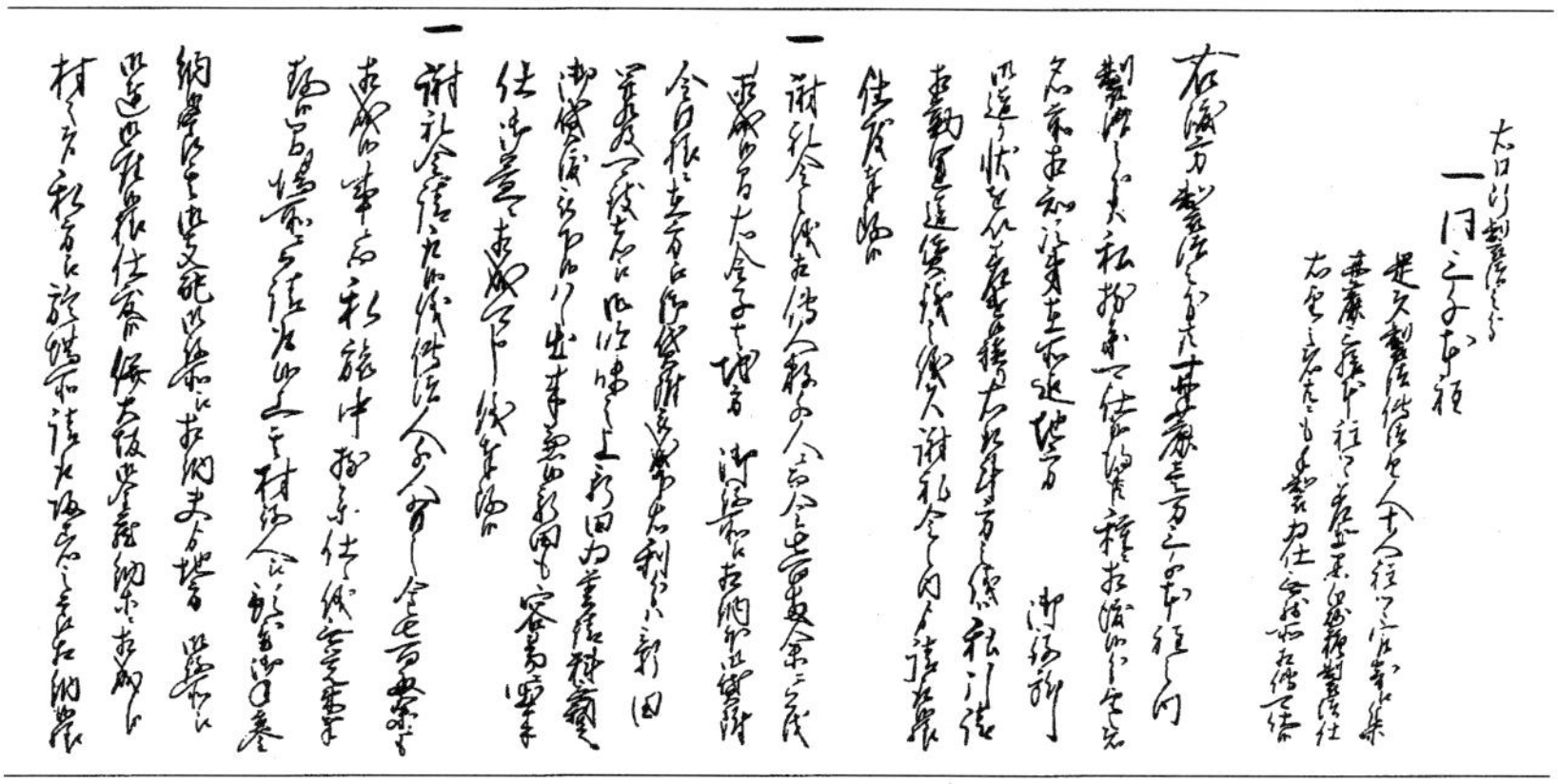

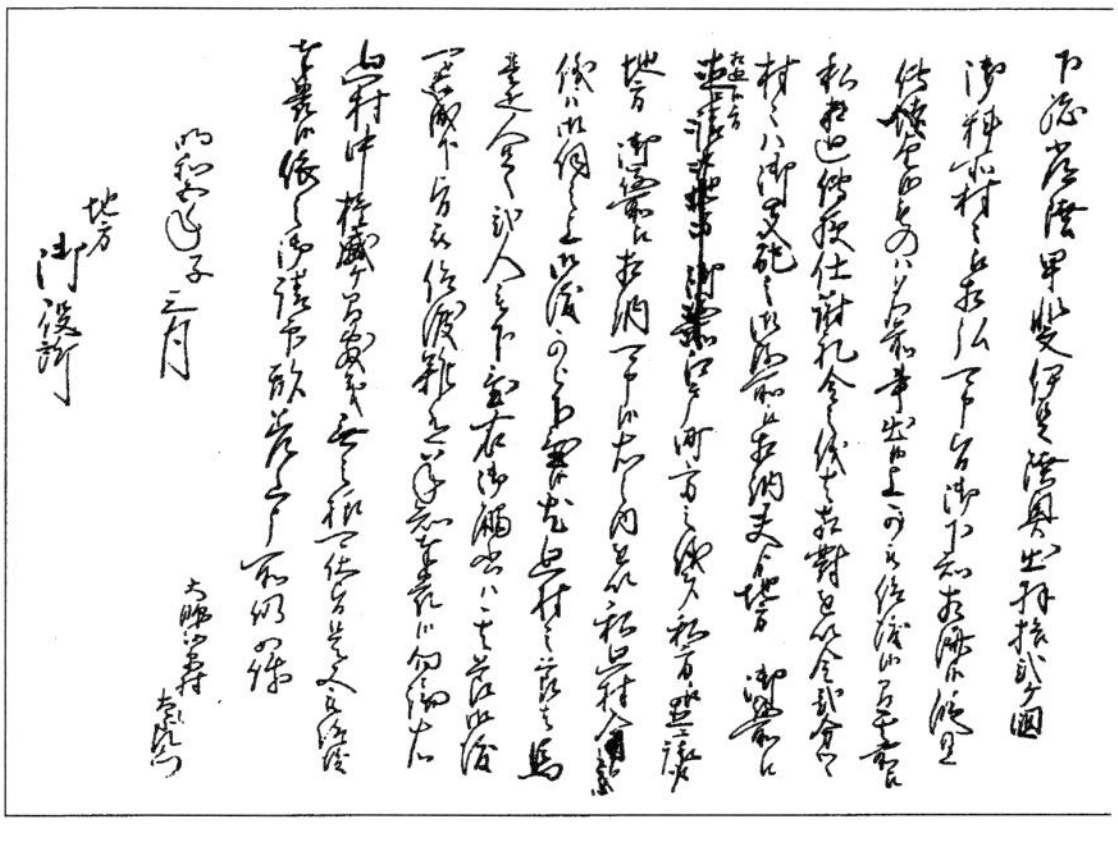

て記載されています。伝法訴願の内容は、具体的に以下の五つにまとめられています。

①　謝礼金について、一人当たり三分ずつ差し出すこと。

②　製法は一子相伝とし、製法伝法は、伝法を受けた者の子供以外、他へもらさないこと。

③　甘蔗苗は一人当たり、一〇本ずつ分け与えること。

④　伝法による謝礼金は、伝法人数一〇〇〇人として概算すると七〇〇両余りになるが、それを無利子で新田開発の普請資金の貸付金に充当すると益筋であること。

⑤　製法伝法の廻村に際し、馬一疋と付添の人足二人が必要ということ。

かかる訴願に対し、許可の内容は、砂糖伝法を主眼とし、新田開発事業の助成などとは切り離すこと、としています。よって、①の謝礼金は三分から二分へと減額となり、④の内容は削られました。その上で、伝法の廻村地は、東日本の御料所（天領）を対象とすることになったのです。

幸豊の砂糖伝法は、希望者に甘蔗種を渡し、育成方法を説明することが基本でしたが、それだけでなく、製糖作業の実演も行われることもありました。伝法は、各地を廻村して行われる方法（廻村伝法）と、幸豊自身の家で行われる方法（自宅伝法）の二方法によって行われています。そして、一三一か村、一五三人へ伝法が行われたのです。廻村伝法は、明和五年の関八州を対象としたのを含めて、三度行われています。そのなかで、最大なものが、二回目の廻村伝法でした。京・山城・大坂などに滞在しながら、東海道・畿内・中仙道の各所で伝法が行われたのです。このときは、七二か村、七七人に伝法し、廻村期間は四か月に及んでいます。このように、池上幸豊の製法伝法は、関東・畿内と街道筋といった幕領地域を対象に行われたのです。

池上幸豊は、八二歳で亡くなりました。幸豊にとって生涯の後半ほとんどを砂糖製法研究とその普及に費やしたといってもよいでしょう。こんな幸豊にとって、晩年までの心残りが一つだけありました。それは、氷砂糖の製法が未だ開発されていなかったことでした。この課題は、悴太郎次郎（幸通）によって引き継がれます。そして、幸豊が八〇歳のとき、太郎次郎の手によってようやく製造可能になったのです。

寛政九年（一七九七）八月、氷砂糖の製造に成功し、見分を願い出ていますが、訴願の文中に「私当年八拾歳ニ罷成候ニ付、何卒存命之間ニ右之段奉申上候……」と記載されています。氷砂糖製法開発への長年の執念を感じることができるでしょう。そして、この氷砂糖の製造に成功したとき、その喜びを得意の和歌で表現しています。

此国の　ほまれとなるを　利となして

あまねく人の　めてよとそ思ふ

幸豊における砂糖伝法の思想は、この和歌が端的に示しているといってよいでしょう。史料2の冒頭箇所に、砂糖製法の伝法を行うことの意味を「国益」であると表現していることも注目できる点です。冒頭で示したように、砂糖の国産化は、国家的課題として出された問題であり、全国に製法を伝法することが国益であったのです。そう考えると、氷砂糖の製造に成功したさいに詠んだ和歌の心情もよくわかります。輸入品を防ぎ、多くの人々に食せるようになってほしいというのが幸豊の念願だったのです。実際、甘蔗砂糖の製法伝法に際しても、謝礼金は実費であり、少なくとも表向きは個人の利益になっていません。砂糖の製法伝法という行為は、一切の私的な利益を捨て去ったものだったのです。

結論的には砂糖の国産化は成功しました。近世後期にかけて甘蔗砂糖の植付けは急速に広まっています。実際「見舞帳」などを参照すると、白砂糖・黒砂糖が散見され、庶民にも手が届くものになっています。また、幕末の讃岐国では、讃岐三白の一つとして数えられるほど特産品として成長したのです。しかし、その代償も大きかったのです。砂糖生産のような利益の高い生産に目が向けられ、五穀のような利益の低い生活必需品の生産がなおざりになっていきました。「商品経済の浸透」という幕藩制社会の地殻変動を招く要素にもなったのです。

〔史料1釈文〕

一同月三日元雄宅へ参候、元雄中候者、砂糖製

之儀十七年已来苦労致、漸昨今年ニ至り
成就致候、然所ニ右手製之砂糖、当春中
一色安芸守様迄入御覧候所、御吟味之上被
仰聞候者、如此出来可申候ハヽ、御作らセ被置候、甘
蔗可被下置候間、当冬製作致売出候様ニも可被
仰付趣ニ被仰候得共、元雄儀医業之身ニ而売広メ
之事難致候間、外々之者へ伝法致、世上ニ弘候様
致候ハヽ、可然旨申上候、此義御尤ニ被思召、心当テ之
者有之哉と御尋ニ付、大師河原村池上太郎左衛門と申
百姓年来砂糖之儀を心掛ケ蔗をも植置、年
年少々ツヽ手製致候由ニ御座候得共、少々之儀ニ而碇と
砂糖ニ者成兼候様子ニ奉存候、乍去年来心掛ケ申
者ニ御座候間、為申聞候ハヽ、出情(精)も可致哉と申上候、此
儀如何存寄候哉承度旨を申候、製作之
砂糖品々為見申候、吹上之御製作之砂糖
幷尾州之製をも為見申候
　我等答申候者、如此吹上之御製法宜敷
相見へ申上ハ、製法之秘事口伝なと

申事ハ御用ニも有之間敷事と申候得者、
元雄申候ハ、成程左様ニ而候
御公儀様ニ而製作被仰付候而ハ御入用多掛り、
売払之直段ニ御見合候而ハ引合不申候ニ付、
是ニ而ハ世上ニ弘り可申様無御座候間、下ニ而製作
被仰付、右入用と売払之直段御引合セ
御様被遊度との御儀と存候、其上ニ而世上へ
弘り候様ニ被遊度思召と相考申候旨を申候、
我等申候者、御尤至極成事ニ奉存候、当冬
右之蔗を望之者共有之次第、所々へ被
仰付製作之入用御試被遊候ハヽ、可然候、
我等儀新田開発御願申上、閑暇無之候
得共為御試被仰付候事ニ御座候ハヽ、
御奉公筋と奉存候間、少々も製作可仕候、
尤拙者方ゟ相望候而願申事ニ而ハ無御座候、
新田開発ニ懸り合居なから又外事ニ手ヲ出シ
申様ニも被為思召候而ハ迷惑仕候

（川崎市市民ミュージアム所蔵「池上家文書」）

〔史料2釈文〕

差上申御請書之事

私儀延享年中ゟ砂糖製法之儀心懸新田開発之
為ニ茂可相成儀与奉存居候処、八ケ年以前巳年甘蔗
種被下置候ニ付、得と製法試、去々戌年ニ至丈夫ニ
砂糖出来仕、仕当ニも引合候様工夫成就仕候ニ付、
右製法諸国江相弘御国益ニ仕、随而新田開発之
扶助ニ仕度旨左之通奉願上候
一和製砂糖伝法之儀、諸国御料所一円ニ被仰渡
無之候而者事狭相成、随而者御益も少御座候ニ付
御料所之分不残砂糖製方為伝法相廻候趣、
相対を以謝礼金壱人前金三分宛差出候外、
何ニ而も入用不相懸趣共得心ニ而伝法望候ものハ、
其所御支配御支配江名前書出、夫ゟ地方御役所江
御取揃之上、私江被仰渡伝法之儀者、右名前書
を以其最寄江罷越、伝法人拾人余宛も相揃置、
製法之儀一子之外他江相伝仕間敷旨証文
取候上伝授仕謝礼金請取可申候、尤去年作立候

甘蔗幷浜御庭之甘蔗被下置候分とも、壱万
五千本余囲置候間、伝法之儀幷種甘蔗渡方
等之儀左之通御座候、勿論私壱人ニ而手廻兼候ハ、
伝法人之内慥成者を差遣伝法為仕候様ニ茂
仕度、是又奉申上候

伝法人数凡千人ニ而種々可相渡分

一甘蔗壱万本程　　　但壱人ニ付拾本ツ、

右同断製法之分

一同三千本程

是者製法伝法望人十人程ツ、最寄江集

甘蔗三拾本程ツ、差出黒白砂糖製法仕、

右望之者共ニも手製為仕無残所相伝可仕候

右渡方製法之分共、甘蔗壱万三千本程之内、
製法之分ハ私持参可仕候得共、種ニ相渡候分望之者
名前相知次第在所迄、地方　御役所
御送り状を以差遣候積り、右取斗方之儀ハ私引請
相勤運送賃銭之儀者謝礼金之内ゟ請取候様
仕度奉存候

一謝礼金之儀相伝人数千人ニ而金七百両余ニ茂
相成候間、右金子者地方御役所江相納、外御貸附
金同様ニ在方江御貸附被成下、右利分ハ新田
開発可致者江御吟味之上新田為普請料無利足ニ
御貸渡被下候ハヽ、出来兼候新田も容易ニ出来
仕、御益ニ相成可申儀奉存候
一謝礼金請取候儀伝法人千人有之、金七百両余ニも
相成候事ニ而、私旅中持参仕候儀無覚束奉
存候間、場所ニ而請取候上其村役人江預置御年貢金
納候節其御支配御役所江相納、夫ら地方御役所江
御達御座候様仕度候、併大坂御金蔵納等ニ相成候
村々者、私方江於場所請取帰着之節相納候様
仕度候、尤金子預書付正金共一同勘定仕候上、
右金子之内ら私場所勤日数を以木銭石代筆墨紙
代幷甘蔗附送駄賃銭帳面を以御渡被下、
且又望之者江相渡候種甘蔗運送賃銭之分ハ
其時々右金子之内ら請取申度奉存候
一江戸京大坂三ケ津町人之内ニも砂糖製法

望候もの有之候ハヽ、甘蔗ハ私持参仕和製
砂糖伝法仕、諸事在方村々同様取斗候様
仕度奉存候

一私儀五年以前申年一色安芸守様御懸りニ而
所々新田為見立被差遣候節、馬壱疋人足壱人
被下置候、此度砂糖製方(法)被仰付候ハヽ、右諸道具も
持参仕、殊遠国迄も罷越候儀ニ付、人足壱人相増
被下置候様仕度奉願候

右之通奉願上候処、其後御吟味ニ付謝礼金之儀新田
開発助成等ニ不拘、伝法之節入用等而已ニ
引当、謝礼金相減、砂糖製法弘メ方重ニ取斗候ハヽ、
伝法人茂多可有之旨、被仰渡候ニ付、金壱分相減
壱人前謝礼金弐分宛請取申度候、尤諸入用遣、
残金も有之候ハヽ、其段追而可申立旨奉申上候処、
右之段々御勘定所江御伺被成下候之処、先ツ
江戸町方幷武蔵、相模、上野、下野、安房、上総、
下総、常陸、甲斐、伊豆、陸奥、出羽拾弐ケ国
御料所村々江相弘可申旨、御下知相済候段、且

伝法望候ものハ名前書出候上可被仰渡候間、其所江
私相廻伝授仕、謝礼金之儀者相対を以金弐分ツヽ、
村々ハ御支配之御役所江相納、夫ら地方御役所江
相廻候旨、江戸町方之儀者私方江直ニ請取、
地方　御役所江相納可申候、右之内を以私廻村入用之
儀ハ御伺之上御渡可被下置候、尤廻村之節者馬
壱疋人足弐人被下置、右御触書ハ其節御渡
可被成下旨被仰渡難有承知奉畏候、勿論右
廻村中権威ケ間敷義無之様可仕旨、是又被仰渡
奉畏候、依之御請印形差上申所仍如件

明和五年子三月

大師河原村
太郎左衛門

地方
御役所

（川崎市市民ミュージアム所蔵「池上家文書」）

第五講　農民家族の相続

テレビのワイドショーを見ていると、遺産相続がしばしば話題に取り上げられます。家を相続するさい、財産の分配が大きな問題となり、それが裁判に至ることもよくあります。それまで仲良しだったはずの親兄弟などが骨肉の争いに至ることもしばしばです。遺産相続や家督相続などをめぐり親兄弟が敵味方に分かれ、争いごとに至るのは古くからよくあることだったのです。

江戸時代、農民家族の相続のあり方は、慣習的に決まっており、長男が相続する長子単独相続であったといわれます。しかし実際のところは、すべての子供に財産を均等に分け与える分割相続や、長男や二男などは財産を分与し自立させ、最終的には末の子供が相続する末子相続など、場所によってそのあり方は異なっています。相続のあり方は、地域の性格に規定されることが多く、その性格を念頭に置きながら考える必要があります。だから、相続の問題について、もっともっと各地の多くの事例を取り上げ、研究を積み重ねていく必要があるのです。

今回掲載した史料は、平尾村（現東京都稲城市）の金五郎の相続承認を村役人に願い出たものです。村役人に相続を願い出た長右衛門の父親は一三年前に亡くなっています。当時、相続すべき長右衛門は幼年であったことから、親類や組合で相談し、さまざまの世話をしています。その後、長右衛門は成人し家業を引き継

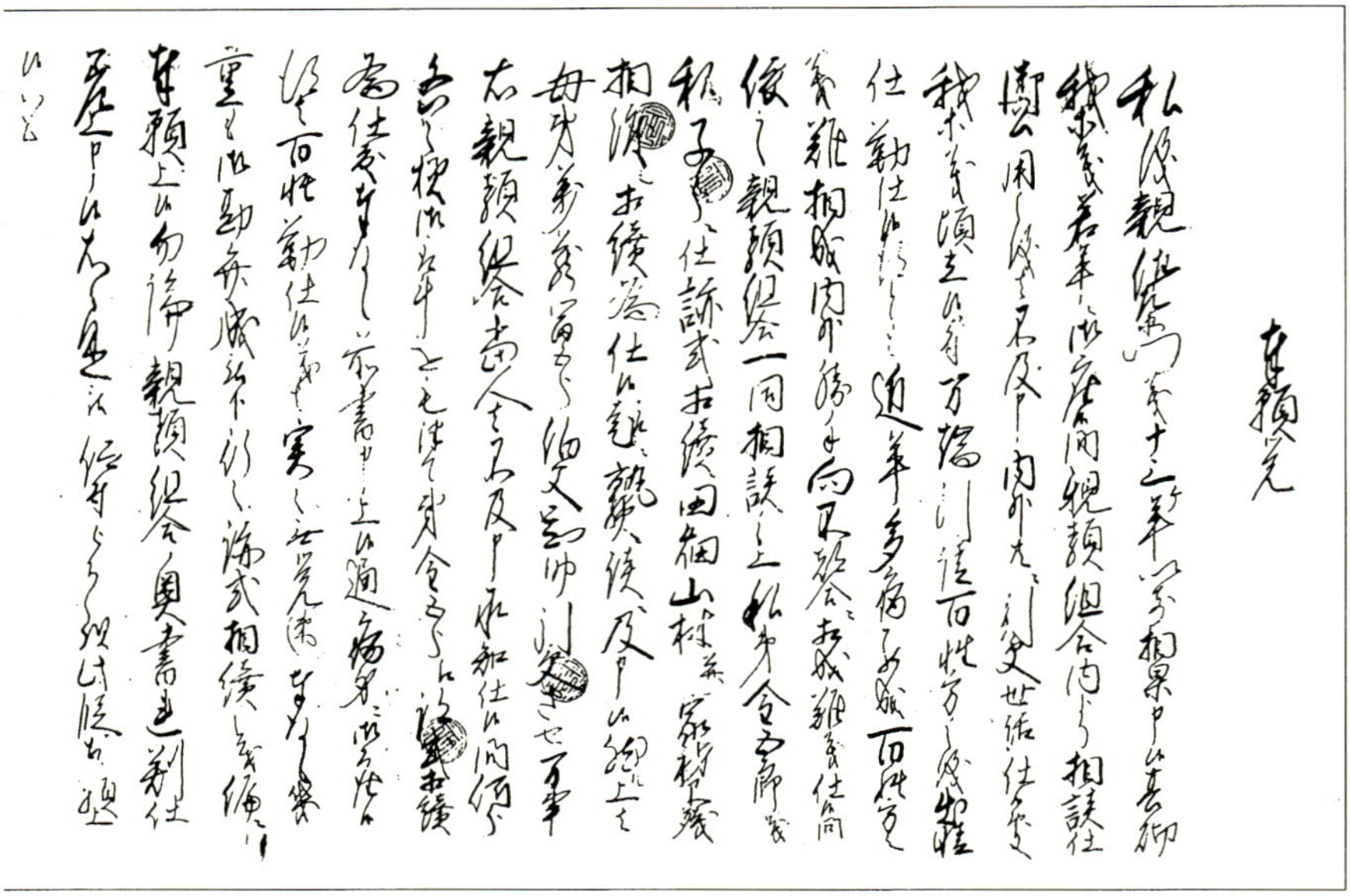

いだのですが、病身のために家業を切盛りすることができなくなっています。そこで、長右衛門の弟である金五郎を子分（＝養子）とし、相続させるに至ったのです。

同史料から三つの点を注目したいと思います。一つは、長右衛門の弟に家業を引き継ぐとき、直接、弟に相続させるのではなく、「私子分ニ仕」と子分とした上で、引き継いでいます。平尾村の場合、形式的ではありますが、相続の対象は子供でなければいけませんでした。慣習的な村の秩序に従ったものと考えることができるのです。

もう一つは、跡式相続を行うということは、「跡式相続田畑山林幷家財不残相渡シ」と記されているように、田畑山林はもちろんのこと、家財すべての権利を譲渡することを意味しました。さらに相続することは、「母弟萬蔵富五郎伯父勘助引受させ……」と、家族の長として全体を切盛りすることを意味したのです。

そしてもう一つは、家の相続を村役人に対して願い

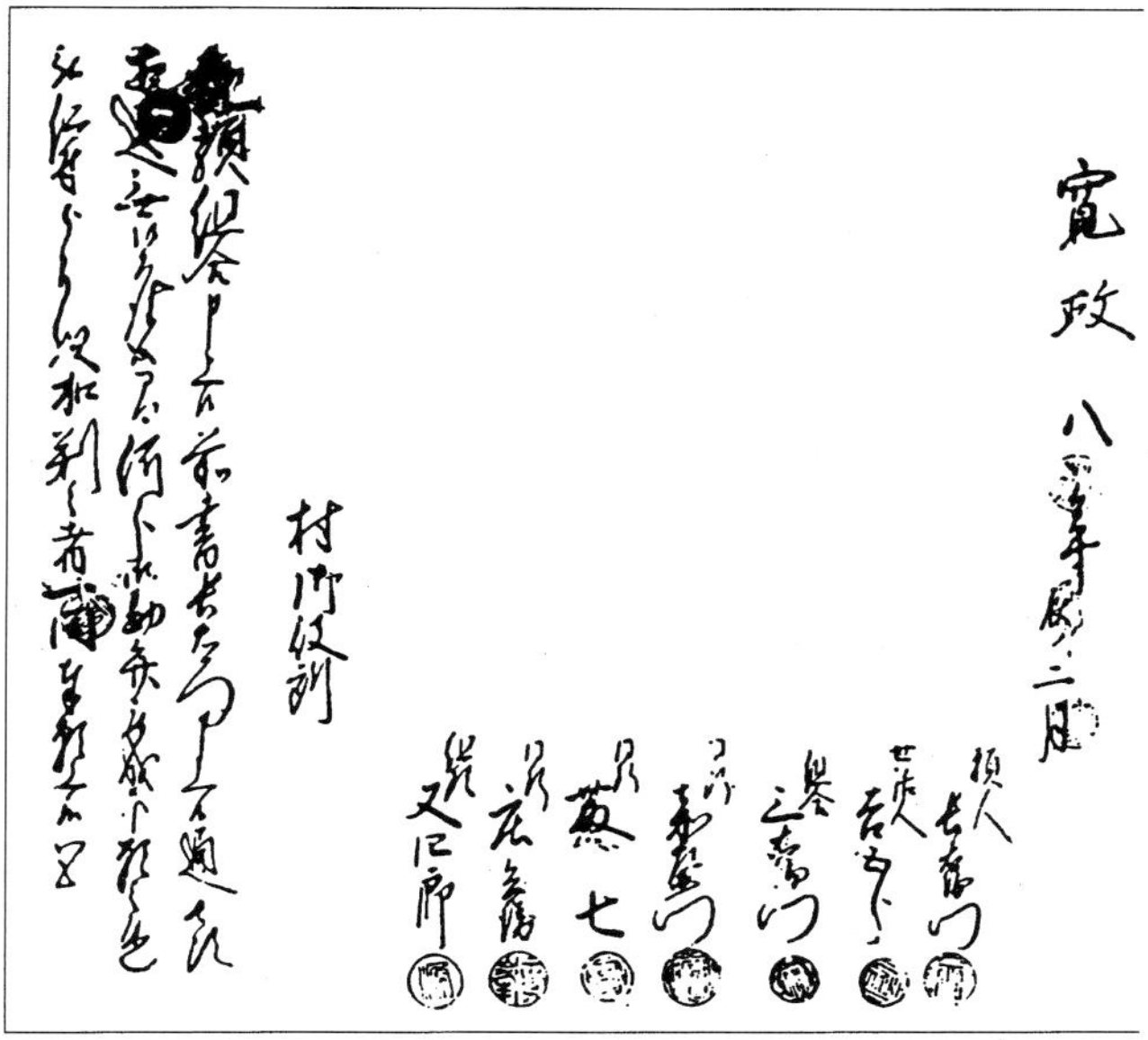

出る場合、長右衛門・世話人・組頭などの連名で提出していま す。さらに長右衛門の願書の内容に間違いがないことが奥書に記されています。また、逆に相続人である金五郎の記載はありません。家を相続する場合、被相続人の承諾だけでなく、関係する周囲の人々の承認が重要だったのです。相続の問題は単に、その家だけの問題なのではなく、親戚・組合などにも関係したのです。

この史料が残されていた平尾村は、多摩丘陵といわれる小高い丘に位置しており、谷戸を利用して耕地や集落が点在していました。農間余業が取り立てて盛んだったわけではなく、農業中心の純農村地帯でした。『正保郷帳』作成時（慶安二～三年〈一六四九～五〇〉）の平尾村の村高は一九一石三斗一升七合でした。この村高は、明治十年（一八七七）前後まで二二〇年以上もの間ほとんど変化はありません。検地によって算定された石高は公定生産高を示しますが、このことは、村の生産高に変化がなかったというわけではありません。むしろ、新田開発が行われないため、新たに検地が行われなかったことで、石高が算定されなかったことを意味したのです。

耕地が限られるということは、平尾村にとって家数が限られることを意味します。家数が少なくなれば、村自体の運営に支障を招きます。平尾村のように限られた耕地面積による純農村地帯では、家数が多すぎても少なすぎてもいけなかったのです。家数が、江戸時代の中ごろから明治期に至るまで変化がなかったのは、こうした理由によるといえるでしょう。

一家の長となって家を相続するということは、単にこれまでの財産を引き継ぐことを意味するのではなく、村での公務なども引き受けることを意味しました。そして、単に名義を変更するだけでなく、家業一切の権利・義務を負うことを意味したのです。また、家の存続なしに村の存続もありえませんでした。一つひとつの家が、潰れることなく家業を務めることで、村もまた存続しえたのです。江戸時代における家の相続は、各家の事情だけで決められるのではなく、親や組合を含めた村全体の問題でもありました。だから、個々の家で相続する場合においても、村の実情に基づいた慣習的秩序に従う必要があったのです。

〔史料釈文〕

奉願覚

私儀親佐左衛門義十三ケ年以前相果申候、其砌
我等義若年ニ御座候間、親類組合内より相談仕
御公用之儀者不及申、内外共ニ引受世話仕候処
我等義頃立候ニ付、万端引請百姓方之儀、出情(精)
仕勤仕候得とも、近年多病罷成百姓方之
義難相成、内外勝手向不都合ニ相成難義仕候間

依之親類組合一同相談之上、私弟金五郎義
私子分ニ仕跡式相続田畑山林幷家財不残
相渡シ相続為仕候趣ニ熟談ニ及申候、然ル上者
母弟萬蔵富五郎伯父勘助引受させ万事
右親類組合当人者不及申承知仕候間、何分
各々様御取斗をもつて弟金五郎江跡式相続
為仕度奉存候、前書申上候通、病身ニ御座候
得者百姓勤仕候義者、実々無覚束奉存候幾
重も御勘弁成被下行々跡式相続之義偏ニ
奉願上候、勿論親類組合奥書連判仕
差上申候、右之通被仰付被下候様、此段奉願上
候、以上

寛政八年　辰ノ二月

願人　長右衛門㊞
世話人　吉五郎㊞
組合　三右衛門㊞
同断　嘉左衛門㊞
同断　藤七㊞

同断　庄兵衛㊞
組頭　又四郎㊞

村御役所

親類組合申上候、前書長右衛門申上候通、毛頭相違無御座候間、何分御勘弁被成下願之通被仰付被下候様、加判之者一同奉願上候、以上

（東京都稲城市「馬場保雄家文書」）

第六講　農村における質屋渡世

農村の金融活動は、頼母子講や無尽がよく知られています。農村質屋の場合、保証人は介在するものの、基本的には質屋と質入れ人自身との一対一で貸借できるために、非常に簡単に利用できました。

江戸時代の農村では原則として商業を営むことが禁じられました。このため、質屋は商業を生業とせずに農業の間に行うという名目で認められたのです。村明細帳などに「質屋渡世」として記載されず、「農間質屋渡世」と記載されているのはそのためです。

質物の出し入れの史料を参照すると、ほとんどの質物は一年以内で請け戻されています。また、夏に必要な「蚊帳」などは、十月か十一月に質入れし、五月か六月に質物を戻しています。質屋は、お金を借りる場としてだけでなく、大事なものを預けておくというトランクルームとしての性格もあったのです。

農間質屋渡世は、貨幣経済の浸透に伴い、重要な役割を担いました。幕末期の熊川村（現東京都福生市）の質物帳を見ると、文久元年（一八六一）から明治六年（一八七三）の一三年間に、延べ一四八一人の質入れが行われています。なかでも最も多く質入れした新蔵は、実に一五七回の質入れが見られます。つまり新蔵は毎月およそ一度は、質屋に通っていた計算になるわけです。質物の多くは衣類です。世直し騒動として知られる武州騒動に際しては、民衆は高騰していた諸商品の価格引下げとともに、質物の無銭返却も主要な要求項目に挙げていました。幕末期、質屋は農村の経済活動に重要な意味を持っていたのです。

しかし、一方こうした質屋をめぐって、多くの社会問題も起きました。たとえば、質物の利子率が高くなることで物価高騰の原因になったり、質入れをしてまで博奕を行う人が出るようになりました。なかでも大きな社会問題として、盗品の質入れがあげられます。

盗んだ品物を、離れた場所で質入れすることで金銭を得るのです。盗品の隠れ蓑として古着屋や古鉄屋とともに質屋が利用されたのです。このことは、治安を守るべき立場である領主にとって、頭の痛い話でした。とくに幕府の膝元である関東は、藩領や寺社領、そして旗本領などが入り組んで存在し、治安維持・取締りが困難であり、問題は深刻でした。文化・文政期に関東取締出役や組合村を設定する要因の一つに、このこともあげられます。具体的な対策としては、盗難が発生した場合、廻状を通じて盗品の特徴を伝達したり、組合村惣代により質物帳を点検することもありました。

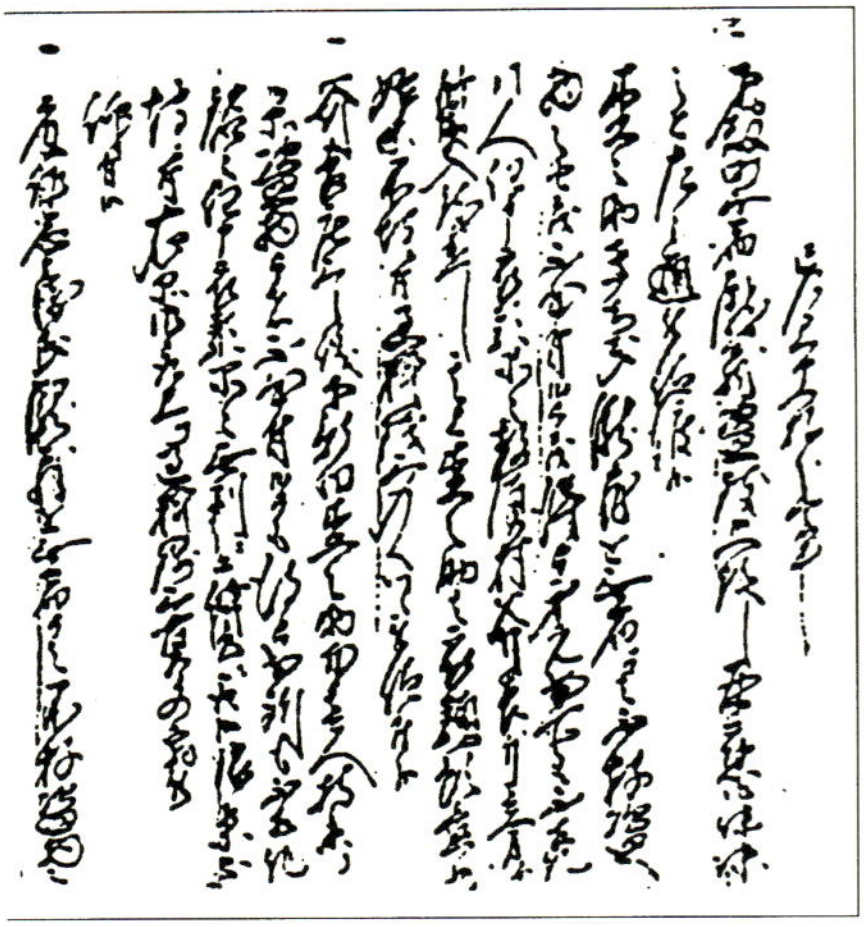

今回掲載した史料は、下館町（現茨城県下館市）の無宿者瀧蔵が盗んだ品物の質入れについて、盗難者瀧蔵自身と盗品を質に入れた藤作をはじめ、その他諸人に対する吟味の結果を記載したものです。内容について簡単に箇条書で紹介しましょう。

① 杢之助・きちは、瀧蔵の身元を知らず、また衣類が盗品であることを知らずに瀧蔵が言うがままに衣類を斧吉や庄三郎へ質入れし、さらに杢之助は衣類の一部を自分のところで預

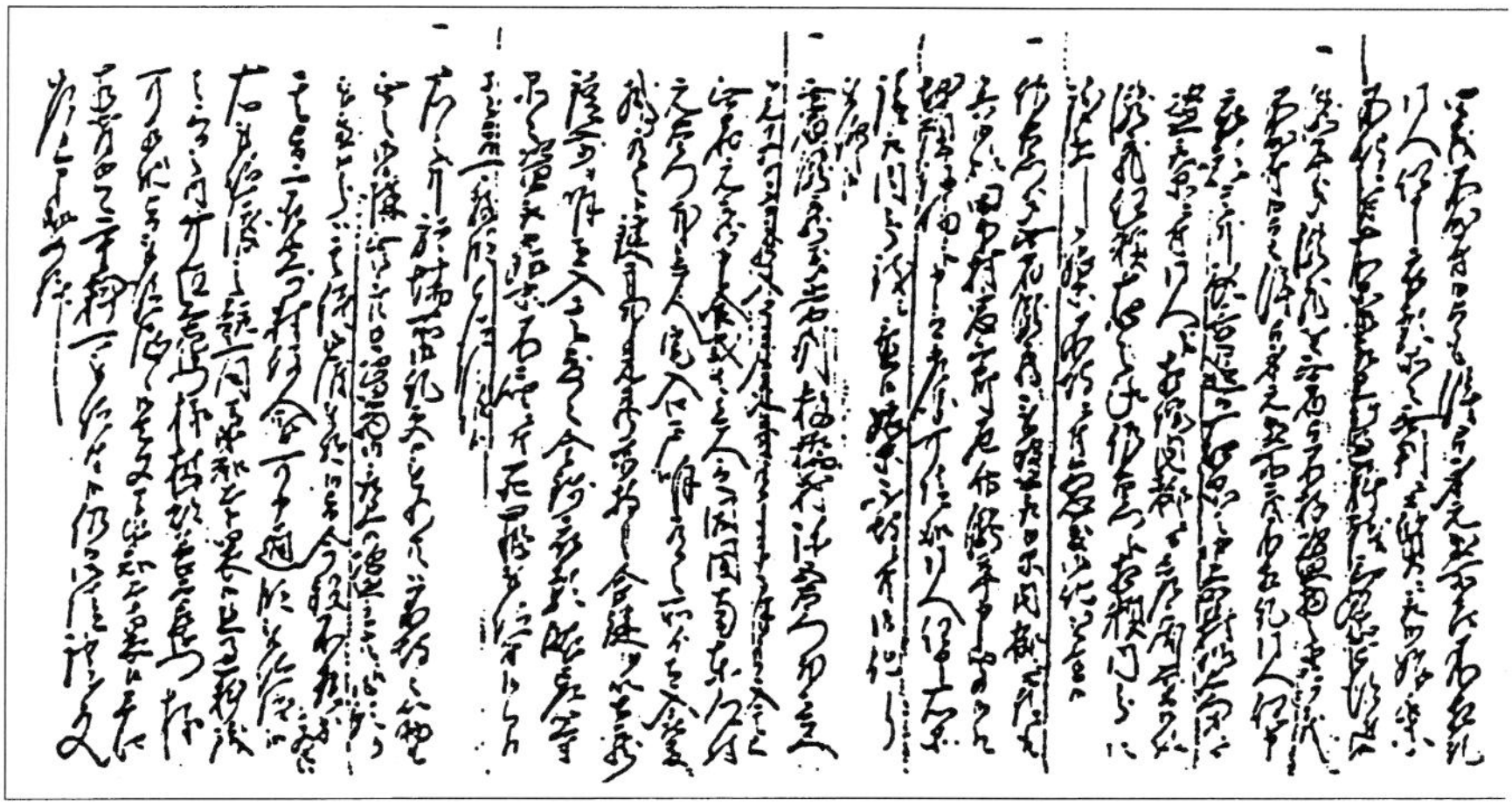

かった。よって過料（罰金）三貫文とする。

② 斧吉・庄三郎は、杢之助・きちの持参した品物の出所を確認せずに質入れを行った。よって過料三貫文とする。

③ 藤作・忠兵衛は、瀧蔵の身元の確認をせず、盗品とは知らずに、質に取った。よって過料三貫文とする。

④ 瀧平は瀧蔵の盗品を預かり置いたのであるが、質入れ品が中上野村の作右衛門の盗品であることが判明すると、作右衛門へ返却し、内々で解決している。よって急度叱りとする。

⑤ 作右衛門は、自分の盗まれた品物を受け取り、本来では領主へ知らせるべきなのに、内々で解決した。よって叱りとする。

⑥ 無宿者瀧蔵は、常陸国板橋村弥五右衛門宅や南東郷村元右衛門宅から錠を明け品物を盗んだ。よって死罪とする。

⑦ 他の者は、とくにお咎めなしである。なお過料銭は、三日のうちに竹垣三右衛門か林部善太左衛門のもとに納めるように。

差出人と宛所は掲載できませんでしたが、差出人は、この文書に出てくる関係者（無宿者瀧蔵を除く）と、その村の村役人である組頭ないしは名主が名前を添え、宛所は「御奉行所様」となっています。なお、この仰渡しが出された期日は、この史料からは判明しませんが、関係文書から安政四年（一八五七）と考えられます。

公儀としての幕藩権力は、治安維持などを果たすことを担っていました。この史料からも、治安維持に対する厳しい姿勢をみることができるでしょう。盗みを働いた無宿者瀧蔵は死罪となり、関係者は過料や叱りとして罰せられ、盗品を質入れした人はいずれも処罰の対象となっています。

江戸時代の社会は、生活必需品すべては自給自足できないことから、ある程度の商品流通を必要としました。そのため、幕藩権力としても農間渡世として農村での商業活動を容認していました。農間質屋渡世もこの一環として位置付けることができます。貨幣経済が浸透するにつれて、農村の質屋渡世の必要性が高まり広範囲に展開するようになります。しかし、このことが質物の利足などによる物価上昇の原因や、今回見たように盗品の質入れ場として治安を乱す要因となったのです。こうして幕藩制社会を支えた農村社会は、しだいにその性格を変えていくことになるのです。

〔史料釈文〕

差上申一札之事

一下館町無宿瀧蔵盗致候一件、再応御吟味之上、左之通被仰渡候

杢之助きち義、瀧蔵を無宿与者不存、盗物之由茂、不心付候与茂得与身元出所も不相糺同人任申、衣類品々数須村斧吉外壱人方ら

質入致遣し、其上杢之助者衣類預置候
始末不埒ニ付、過料銭三貫文ツヽ、奉仰付候
一斧吉庄三郎儀、下新田杢之助外壱人持参り
候所、盗物与者不心付候与も得与出所も不相糺
銘々任申衣類品々無判ニ而質ニ取候始末不
埒ニ付、右品御取上ケ過料銭三貫文宛被
仰付候
一藤作忠兵衛義瀧蔵を無宿与者不存、盗物之
由茂不心付候与も、得与身元出所茂不相糺
同人任申衣類品々無判ニ而質ニ取候始末
不埒ニ付、右品御取上ケ過料銭三貫文宛被仰付候
一瀧平義瀧蔵を無宿与不存、盗物之由与茂
不心付候与も得与身元出所茂不相糺、同人任申
衣類其外預置、追而右品者中上野村作右衛門方ニ而
盗取候品ニ付、同人江相詫内拠ニ而差戻し暮候様、
瀧蔵任頼右之趣作右衛門江相頼、内分ニ
致遣し候始末不埒ニ付、急度御叱り被置候
一作右衛門義無宿瀧蔵ニ被盗取候品、内拠ニ而請取

呉候様、田下村忠三郎厄介瀧平申聞候ハ、
地頭役場江申立差図可請処、同人任申右品
請取内分致シ置候始末不埒ニ付、御叱り
被仰候
一無宿瀧蔵義、常州板橋村弥五右衛門外壱人
宅、又者土蔵入口戸建寄有之候を明立入其上
無宿元蔵申合、或者壱人立同国南東郷村
元右衛門外壱人宅入口戸明有之所ゟ立入、座敷ニ
掛ケ有之候鍵其外元蔵所持之合鍵ヲ以、土蔵
錠前ヲ明、立入其度々金銭衣類脇差等
品々盗取候始末不届ニ付、死罪被仰付候間
其旨可存段被仰渡候
一右之外於場所御糺受候もの共ハ、不埒之筋も
無之御構無御座、且盗物御取上候盗主共江御預り
被置候分ハ、其儘御渡被遊候旨、今般不罷出もの共ハ
其旨最寄村役人共ゟ可申通段被仰渡候
右被仰渡之趣一同承知奉畏候、且過料銭
者、三日之内竹垣三右衛門様林部善太左衛門様

可相納旨被仰渡候、是又承知奉畏候若

相背候ハヽ、重科可被仰付候、仍而御請証文

差上申処如件

（後略）

第七講　米相場の高騰と竹内家

竹内家文書には、賀茂郡役所（安芸国、現広島県）が割庄屋（普通の村々では大庄屋のことです）に対して出した、米相場の変更を示す触れが数点残されています。写真1上段の史料は、一石当たり銀一六八匁であることを賀茂郡役所から割庄屋に対して示した触書です。ちなみに、「申年」とありますが、これは万延元年（一八六〇）のことです。賀茂郡役所からこうした触れが出されると、郡内の七人から八人の割庄屋に回覧されました。そして、この触書を回覧するとき、各々の割庄屋では、この触書に、もう一通の文書が添えられました。写真1の下段がそれに当たります。

この写真を参照すると、割庄屋の名前が記載された紙の大きさに、わずかですが大小がみられます。しかもそれぞれが貼りつけられています。触書を受け取ったことを確認した切紙を貼りつけ、その文書も触書に添えて、次の割庄屋へ送られたのです。こうして一度触書が出されてから、郡内の割庄屋の間を回覧するには一〇日から二〇日の期間を要しました。

さて、こうして触書が回覧されてきたとき、それぞれの割庄屋は将来忘れることのないように、それぞれ帳面に書き留めました。竹内家でも、時期によって名称が異なりますが、郡役所を通じて出された触書や達書は、「御紙面写帳」などと呼ばれる帳面に書き留めたのです（「御用留」と呼ばれる帳面も同類の文書です）。

写真1

写真2の史料は、「御触書写」に掲載されたもので、弘化三年（一八四六）、賀茂郡役所から触れ出された米相場を書き留めたものです。

ところで郡役所などから触書が出されたとき、触書の文面をそのまま書き写すのが普通でした。しかし、掲載した史料を見るとき、米相場の額を示すにとどまり、触れの内容までは書き留められていないことがわかります。毎月のように米相場が変動するため、触書の全文を書き留めることを省略し、米相場の額のみを記載するようになったのです。

しかもこの時期の「御紙面写帳」を参照すると、表紙を開けた見開きか、あるいは見返しでないにせよ、二、三枚めくると写真のような形式で米相場が一覧で記載されています。

それでは米相場は、最初からこのように表紙の見返し部分にまとまった形で記載されていたのでしょうか。実は天保六年（一八三五）までは、他の触書と同様に触書の全文が書き留められていました。たとえば、文政六年（一八二三）三月の項を参照すると、以下の通りです。

上り銀相場之覚
一米石に付銀七拾三匁宛
右従今日之相場ニ候条此旨相心得組合村々江も可相触者也
申三月廿六日
賀茂郡役所
割庄屋七人
同見習壱人
（「竹内家文書」広島県立文書館所蔵）

このように、写真に掲載した万延元年の触書の内容とほぼ同内容の記載が見られます。そして表紙の見返しに米相場が記載されるようになったのは、実は天保七年（一八三六）以降のことでした。それでは何故、このように触書の内容を省略し、かつ表紙の見返しに記載するようになったのでしょうか。

それは米相場の変動具合と密接な関係がありました。触書の全文が帳面に書き留められている文化・文政期ごろは、こうした米相場についての触れは一年に数度出される程度でした。そしてこの時期の、米相場の変動自体もそう大きくありませんでした。しかし、見返しに記載されるようになった天保七年になると、米相場の変動は激しくなり、短いときには五日ぐらいの間隔で触れが出されることもあったのです。しかも、米相場は急速に高騰していくのが見てとれるのです。

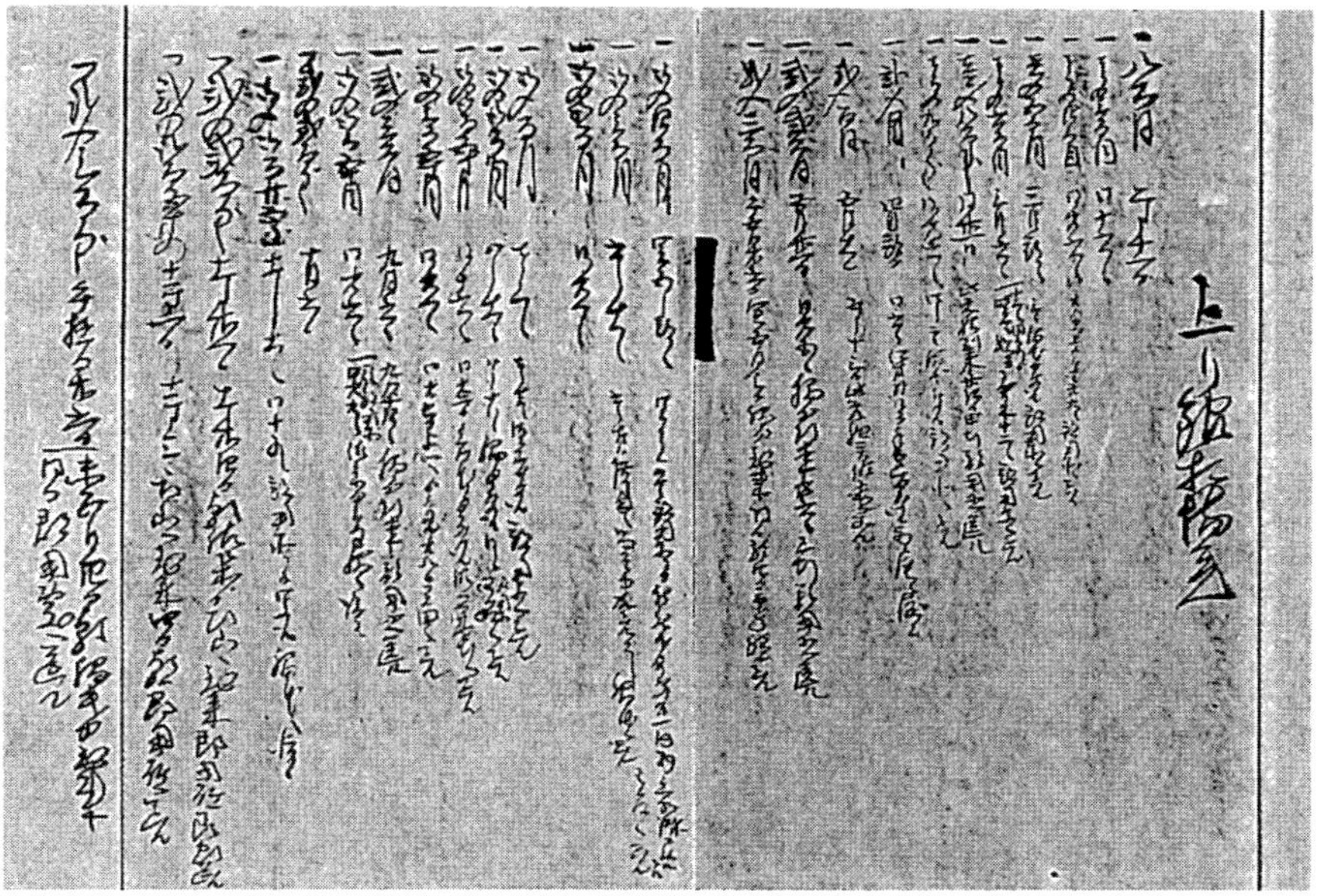

写真2

写真2の史料を参照してもわかるように、米一石当たりの値段について、弘化三年二月の段階では八〇〇目でしたが、十二月には二三〇〇目にまで高騰しています。おおよそ一年のうちで三倍近く米価が高騰したのです。見返しに米相場が記載されるようになる天保七年正月の米相場は、一二八匁でした。実に一〇年のうちで相当な米相場の高騰が見られるのです。

きっと急激に高騰していく米相場の触書を次々と受け取っていくとき、すぐに見ることができる表紙の見返しにまとめて記載する必要性を感じたに違いありません。割庄屋である竹内亮平の意識のなかで、米相場が異常な事態となっていることを感じている表れといえるのです。

ところで、こうした米価の高騰の原因は、不作などによる米不足というわけではありませんでした。原因は、第一部第四章で紹介した金融危機があげられます。当時、広島藩は、他藩と比較しても稀なほど藩札を乱発していました。藩内では正貨としての金貨や銀貨の使用を禁止し、必要以上の多額の藩札を強制的に通用させたのです。しかし、こうした藩札の乱発が藩札の信用を失わせることになりました。そして、藩札の価値の下落を生んだのです。そして、その結果、米の価格は高騰するに至ったのです。

このような異常な米価高騰をもたらした金融不安を打開すべく、広島藩が重い腰を上げたのは翌年のことでした。米価高騰の要因である藩札の乱発に対し、従来の藩札の札価を四〇分の一にした改印札を発行したのは、弘化四年（一八四七）十月のことだったのです。その結果、米価の高騰といった事態はいったんは収まりました。しかし、この政策は銀札自体の信用をさらに失墜させることにつながり、さらなる金融不安の泥沼へと導いていったのです。

第八講

幕末期の米問屋からの意見書

嘉永六年（一八五三）、ペリーが開国を求め浦賀に来航し、翌安政元年（一八五四）に日米和親条約が調印されると、これまでの商品流通のあり方が大きく変化しました。江戸に送られていた呉服や生糸が、貿易品として横浜に集まるようになったのです。その結果、将軍の膝元である江戸に送られる物資の量は減少しました。こうした事態の打開を意図して、万延元年（一八六〇）に幕府は、生活必需品（雑穀・水油・蠟・呉服・生糸）について、江戸に送ることを命じたのです。この触れは、五品江戸廻送令といわれるものですが、これら五品は、まず江戸の諸問屋に送荷し、その後に横浜へ送るようにしたのです。しかし、この施策も抜本的な解決には至らず、混迷をいっそう深める結果となりました。

掲載した史料は、江戸小網町の米問屋である田丸屋の支配人である信蔵が提出した意見書です。この意見書の内容は、御府内（江戸）に諸々の商品（諸品）が払底し、価格が高騰したのを受けて、その原因と解決策を示したものです。意見書を提出した信蔵は、米問屋の支配人であることから、主に米穀の問題を記載していますが、それだけでなく米は「諸品之根元」と、諸商品の基本であるという考えもありました。ちなみに、諸品払底という文言は、当時の文書にしばしば記載された表現ですが、まったく品物がなくなってしまったというわけではありません。

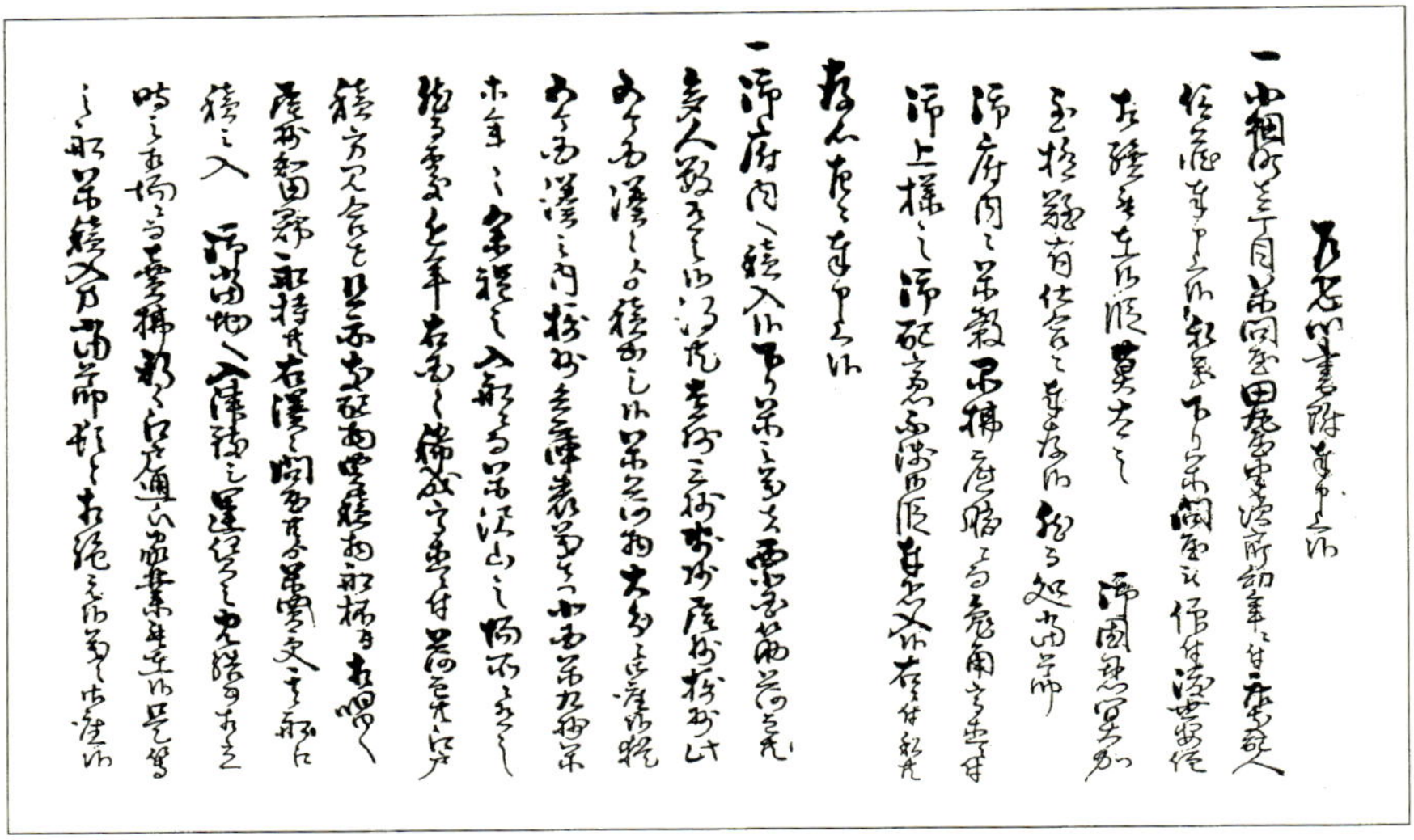

この意見書では米の払底の要因をいくつかあげています。その一つとして、江戸に廻送されるはずの九州米や北国米が文久三年（一八六三）の下関戦争の影響で入荷しなくなったことを指摘しています。その解決策として、北国米を下り物として兵庫・大坂を経由して江戸へ廻送するのではなく、むしろ東廻りで荷物を送ることを提案したのです。さらに、東廻り航路は海上が荒れ、危険が伴うため、安全を期すため幕府の蒸気船の借用を願い出ています。

実は、この意見書は、水野家文書に残された史料の中から取り上げたものです。当時、水野忠精は、老中の立場にいました。天保改革を推進した水野忠邦は、この忠精の親に当たります。この意見書が採用されたか否かは別にして、この意見書は幕閣の中枢にまで知れわたっていたのです。

幕末になると、もはや幕閣のみで事態を収拾することはできなくなっていました。武家・商人・町人など身分を超えて意見を募ることになり、またそれに応じて身分の区別なく積極的に意見が出されるようになったのです。幕府や藩（武士身分）によって政治が行われる国家から、国民全体が政治参加する国家へと転換し始めてきたのです。

〔史料釈文〕

乍恐以書附奉申上候

一小網町壱丁目米問屋田丸屋半次郎幼年ニ付、店支配人
信蔵奉申上候、私義下り米問屋被仰付渡世安住
相続罷在候段、莫太之　御国恩冥加
至極難有仕合ニ奉存候、然る処当節
御府内ニ米穀品払底勝ニ而兎角高直ニ付
御上様之御配慮不浅候段、奉恐入候、右ニ付私共
存心左ニ奉申上候

一御府内へ積入候下り米之義者西北国筋荷主共
多人数有之候得共、遠州・三州・勢州・尾州・摂州此
五ケ国湊々ら積出シ候米荷物大分ニ御座候、猶
五ケ国湊之内摂州兵庫表義者、北国米・九州米
等年々余程之入船ニ而米沢山之場所ニ有之、
然る処近年右国々稀成高直ニ付荷主共江戸
積方見合せ、且亦支配物買積物船抔与相唱へ
尾州知田郡船持共右湊々問屋共ら米買受其船江

積ミ入　御当地へ入津致シ運賃之見詰ヲ相立
時之相場ニ而売払斯く江戸通い家業罷在候、是等
之船米積入方当節頓と相絶え候義ニ御座候

（首都大学東京図書館情報センター所蔵「水野家文書」）

あとがき

もう一一年も前のことである。当時、中野区で仕事をしていた私の耳に驚きのニュースが飛び込んできた。勤務先から自転車を走らせれば、一五分も経たない所で、多くの人が倒れている。「一体何が起きたのか」、職員も不安を隠せない。地下鉄サリン事件である。地下鉄サリン事件を引き起こしたオウム真理教に対し、警察は二日後に教団への強制捜査を実施した。教祖といわれた麻原彰晃は、今も牢獄の中である。

不幸中の幸いで、同事件の被害者に、私の知人はいなかった。けれど、被害者の話は間接的に数人から聞かされた。「目が思うように開けなくなった」「恐怖からずっと抜けられない」、そんな話を耳にした。

当然のことだが、人生は一度だけである。物的豊かさよりも、便利さよりも、何よりも幸福を追求することこそが人間の営みの基本である。それでは幸福とは何か。これは難しい問題だ。金を儲けること、それとも自家用ジェットを持つこと、ロクロを回して満足いく自分の作品を作ること、はたまた、子供の成長する姿を身近に見続ける喜びかもしれないし、多くの人の笑顔に囲まれることかもしれない。人それぞれによって幸福の尺度が違えば、その内容も違う。ただし平穏に生活を営み、小さいながらも自分にとっては何よりも大事な幸福を追い求めている人々を、一部の人為的な破壊行為によって踏みにじることは許すことのできない暴挙である。愛すべき夫を殺された妻にしてみれば、何があっても許すことはできないだろう。司法の手に委ねるだけでなく、自分で相手を殺してしまいたいと思うかもしれない。

地下鉄サリン事件でも亡くなった人は偶然かもしれない。しかし運が悪いだけで片付けられることだろうか。その人がたとえいなかったとしても、きっと犠牲者はいただろう。事件は偶発的に起こるのだが、それは必然的なことでもある。歴史も社会科学の学問なのだから、こうした社会の事件を「歴史的に」分析し、病んでいる社会の病巣を発見する。「歴史的に」とは、現在は過去の蓄積のもとに存在するという立場から、過去に原因を見出し、問題点を明らかにすることである。そしてわれわれは、その病巣に鋭いメスを入れ、除去しなければならない。そう、われわれは、社会を治療する医者なのだ。

ここまでは、かっこよく述べたが、世の中はそこまで甘くない。人間なのだから、欲望やエゴはあるのが当たり前のことである。だが、特定の理想を追い求めると独裁者になってしまう。ただ、社会の事件は、偶発的なものではない。氷山の一角として、目をそらすわけにいかないことは確かである。

歴史上の「事件」というと、「本能寺の変」とか「赤穂浪士討入り」などを想像するかもしれない。本書で取り上げたのは、その意味では、あまり知られていない事件である。だが、そんな小さな事件でも、社会に起きた事件はすべて世相を反映したものである。事件を通じて、当時の時代像を浮き上がらせるのが本書の目的である。

ところで歴史を学ぶ動機はさまざまである。「社会の病理に立ち向かうため、歴史学を志した」なんていう人はおそらく皆無に違いない。テレビの大河ドラマを見たのがきっかけでもよいし、神社仏閣に行ってみて調べてみたいと思ったことでも構わない。はたまた、何かのきっかけで、その起源を調べてみようと思うのでもよいだろう。歴史を学ぼうとするきっかけはさまざまだろうし、それに対して強制する必要は何もない。私も同じだ。たまたま日本史が得意だったからにほかならない。なにも取り柄のない自分に、大学進学のおり日本史の道を進めてくれたのは母校の恩師であった。松本肇先生と松下廣先生に感謝したい。

さて、大学で日本史を教える場合（とくに近世史）、二つの立場の人を対象とする。一つは、教養科目として、日本史を身につけるための立場である。海外で日本のことを聞かれたときに、何も知らなければ恥ずかしい。常識的レベルの日本史は必須なことであろう。ほかに人間として豊かな生活を送るためのものである。道標や石仏を見て、そして、神社や仏閣、旧跡を見ながら、現在に生きるわれわれに至るまでの人々の行動に思いをはせることで、自身の人生を豊かにすることができるだろう。そして、もう一つは、日本史を専門科目＝史学として身につける立場である。これは、歴史を創造していく立場である。いくら知識を積み重ねても、歴史を創造することはできない。しかし、生の史料は私たちに多くのことを語りかけてくれる。史料は何を語ろうとしているのか。その方法を身につけることが大事なことである。こうした努力を積み重ねることで歴史を創造していかなければならない。そして物の見方・考え方を身につけることは、両者に共通した大事なことになる。

本書の内容について、初出一覧を掲げておく。

第一部　トピックで見る江戸時代

第一章　三行半の思いのなかに（書き下ろし）

第二章　「竹島」での密貿易（原題「『竹島渡海一件』について」『中央史学』第二四号、二〇〇一年）

第三章　「薩摩藩蒸気船砲撃一件」に見る薩摩藩と長州藩（原題「『薩摩藩蒸気船砲撃一件』に見る薩摩藩と長州藩」『明治維新史学会会報』第三五号、一九九九年）

第四章　幕末期広島藩藩札と大坂商人（原題「幕末期広島藩藩札と大坂商人―嘉永五年の改印札発行を中心として―」藤野保編『近世国家の成立・展開と近代』雄山閣出版、一九九八年）
第五章　慶応二年の江戸の打ちこわし（書き下ろし）
第六章　近代成立期における公害訴訟（原題「近代成立期、煙害訴訟における国家の対応と地域社会―広島県安芸津町風早村塩浜における石炭転換を例にして―」『芸備地方史研究』第二二〇号、二〇〇〇年）

第二部　古文書で見る江戸時代
第一講　「敵に塩を送る」という話（NHK学園編『古文書通信』第一五号、一九九二年）
第二講　年貢減免と塩浜由緒書（NHK学園編『古文書通信』第三二号、一九九六年）
第三講　塩浜で働く人々（NHK学園編『古文書通信』第五三号、二〇〇二年）
第四講　甘蔗砂糖の広がりと池上幸豊（NHK学園編『古文書通信』第四五号、二〇〇〇年）
第五講　農民家族の相続（NHK学園編『古文書通信』第四〇号、一九九九年）
第六講　農村における質屋渡世（NHK学園編『古文書通信』第一六号、一九九三年）
第七講　米相場の高騰と竹内家（『広島県立文書館だより』第一〇号、一九九七年）
第八講　幕末期の米問屋からの意見書（NHK学園編『古文書通信』第三五号、一九九七年）

「第一章　三行半の思いのなかに」は、稲城市史にかかわっていたときに取り扱った史料である。この史料は、すでによく知られたものである。また、今回のために執筆したものであり、論文として発表したものではない。だけど、同内容については、必ず大学の日本史の最初の講義で紹介している。まずは、三くだり半の性格である。たった三行半で、離縁することを述べ、それは男性しか書くことが認められていないというのである。こうした一般的な理解をした上で、この三くだり半が、男性（角蔵）の意思というよりも、女性（てつ）の意思が強く表れたものであることを紹介する。この事例のように、異なる史料（事実）を突き合わせることで、まったく異なる評価になるのだ。

「第二章『竹島』での密貿易」は、表題の通り、「竹島」での密貿易を紹介したものである。実は、この「竹島」の密貿易の史料は、鹿児島で調査をしていたときに見つけたものである。友人の結婚式で鹿児島に行ったとき、図書館での調査で『鹿児島県史料』を通読したが、そのなかで目に止まった史料が、本章の「竹島一件」であり、次章の「薩摩藩蒸気船砲撃一件」である。この「竹島一件」について、島根県浜田市で生涯をかけて調査している森須和男氏はこの史料の存在を知らず、「何故、こんな史料が薩摩藩のもとに？」といぶかしがられていた。ただ、薩摩藩でも密貿易をしていたことから、こういった史料が残されているということは、実はなんら不思議なことではないだろう。

「第三章『薩摩藩蒸気船砲撃一件』に見る薩摩藩と長州藩」では、薩摩藩と長州藩で、この一件に対する評価がまったく異なっていることに注意したい。同じ事実も書き手によってまったく異なる評価になる。そして、この一件をもたらした綿の輸送は、遠いアメリカの南北戦争で綿花の価格が急騰したことが原因であった。日本は、開国すぐに世界経済の荒波に右往左往し、それが国内の動揺に拍車をかけることになる。同論文は、活字に至る過程で明治維新史学会の皆さんにアドバイスをいただいた。とりわけ多くのアドバイスをいただいた針谷武志氏に感謝したい。

「第四章　幕末期広島藩藩札と大坂商人」は、鴻池家の史料を元にして検討したものである。当時、大阪大学の助手をされていた山田雄久氏（現帝塚山大学）に紹介していただき、鴻池家文書を見せていただいたことがきっかけである。同論文は、恩師である藤野保先生が中央大学を退職されるということで、古稀記念論文集に寄稿したものである。私の専門は塩業史で、藤野先生に主査として審査していただいた学位論文のタイトルは「日本塩業の史的研究」だった。よって、論文集には塩業史をテーマとした論文でも不思議ではないが、先生のご専門である幕藩体制論に近いテーマということで、藩札の問題を扱った。たまたま広島修道大学商学部に籍を置くことになったので、このテーマは、しばしば学生を対象に話をしている。強制通用に基づく紙幣の乱発は、殖産興業にある程度の効果をもたらすが、必要以上になると、政府の信用が失われ、ハイパーインフレを招来する。そして、そのために行われた処置が、紙幣の価値を五〇〇分の一にまで切り下げるという平価切下げであった。藩政（経済政策）の失敗のツケは、結局民衆が背負うことになるのだ。

「第五章　慶応二年の江戸の打ちこわし」は、林玲子先生とともに学習している研究会で報告したものである。物価高騰の原因を米屋に求め、打ちこわしによって解決を図ろうとするという民衆運動のあり方は経済を逼迫させることにもなった。民衆運動は万能ではない。暴力は、それが正当であるとしても、相互の間を硬直させることもあるのだ。同テーマは、可能性と限界を考えるきっかけになった。考え方や理論は、議論する上で重要な指標になるが、考える上ではあくまでも事実が基本となるのである。

「第六章　近代成立期における公害訴訟」は、一八八〇年代に展開した、広島県安芸津町（現東広島市）の煙害訴訟の経緯と結末を紹介したものである。訴訟の結果は、塩業経営者側の勝訴であった。ただ、その結果に結びついた要因を、単に当時の裁判制度と経営者との密接な関係だけに求めるのではなく、①塩田所有権の問題、②石炭焚と作物被害の因果関係の解明の難しさ、に求めた。このように、当時の煙害訴訟では住民側が勝訴するのは難しかったのである。

以上、第一部の内容について簡単に紹介してきた。これらの史料は報告などの機会があってまとめたものである。ただし、冒頭に記載した各章の初出一覧を参照してもわかるように、ほとんどが論文として執筆したものである。だから、註記もあるし、史料も掲載してある。若干平易にしてあるが、それぞれの諸問題に対し、私なりに議論したつもりである。よって、個別に議論をするのであれば、十分研究成果として位置付けることができるだろう。また、史料は歴史にとって大事であり、必須なものとして本文中に盛り込んだ。物語よりも、史料を読んだ方が、よりリアルに感じることができるだろう。日本史を専攻する人、少し専門的に学びたい人は、是非史料も併せて読んで欲しい。ただ、まず内容を知りたいという方は、史料を読まずに本文を読んでも構わない。本書の性格はテキストという立場から、事件というトピックからその時代像を展望する点にまで視野を拡げてある。

第二部は、ＮＨＫ学園の『古文書通信』に掲載したものを中心に、まとめたものである。一つだけ『広島県立文書館だより』のものが含まれている。『古文書通信』は、一般向けに書くことを意図したものだが、逆に自分の関心のある研究テーマに即した内容が多い。執筆の機会を与えていただいた、当時ＮＨＫ学園に在職されていた桜井由幾氏や桜井克巳氏、そして、現在も活躍されている笠原綾、堀亮一、高橋努諸氏に感謝したい。また、広島県立文書館の西村晃、西向宏介、長沢洋の諸氏にも感謝したい。

「第一講『敵に塩を送る』という話」は、上杉謙信が武田信玄に塩を送ったという美談について、現在にまで言い伝えられる経緯を紹介している。どんなに善行を施しても、言い伝えや書物に残されなければ、後世に伝わることはない。言説が作成される経緯について紹介した。

「第二講　年貢減免と塩浜由緒書」は、領主に年貢減免を願い出るとき、単に訴願するだけでなく、由緒書を作成し当時の領主との関わりを紹介した方が有効であることを紹介している。由緒書をめぐる議論は、それが真実か否かという議論が多いが、そうではなく由緒書に込められた思想性に着目する必要があることを指摘している。この点についての詳細は、拙著『江戸内湾塩業史の研究』（吉川弘文館、一九九九年）を参照されたい。市川市歴史博物館の小野英夫氏や池田真由美氏にもお世話になった。

「第三講　塩浜で働く人々」は、竹原塩田で働く浜子について、紹介したものである。竹原塩田の浜子は、周辺農村からやってきて年季雇いで賃銀を受け取っている。作業は苛酷なものであったことから、賃銀の六割程度が前金として支払われていた。そのため、走り浜子といって、塩田から逃げ出す浜子も多く見られたのである。宝永四年（一七〇七）当時、竹原塩田での走り浜子対策は、手錠や片頭を剃るといった身体刑によってなされていることがわかる。賃銀の決定が浜主（塩田経営者）と大工（浜子の代表）の寄合いによって決められるようになるのは、享保期のことである。竹原塩田の史料については、私が卒業論文を執筆して以来、お世話になっている。卒業論文作成時、初めて広島に行き市内を歩き、渡辺則文先生のご紹介で竹原書院図書館に行った。思えば、あのときが歴史研究の第一歩だった。幸野恵美子氏をはじめ多くの皆さんにお世話になった。

「第四講　甘蔗砂糖の広がりと池上幸豊」は、近世後期に甘蔗砂糖の試作、拡布に努めた池上幸豊について、氷砂糖の製作に至るまで紹介した。村落の人は村のなかだけで生活するのではなく、江戸などにも通っていた。しかも、池上幸豊は田村藍水や平賀源内などとも交際があったのである。池上家については、平成十二年（二〇〇〇）に『池上幸豊展』が川崎市市民ミュージアムで開催されたが、そのときにいろいろ勉強させていただいた。史料閲覧などにお世話いただいた川崎市市民ミュージアム望月一樹氏に感謝したい。

「第五講　農民家族の相続」は、相続の問題について紹介したものである。江戸時代において、家の相続は、単に財産の分与だけでなく、村の公務などを引き継ぐことも意味したのである。『稲城市史　史料編』編纂にさいしてお世話になった、桜井昭男氏をはじめとした皆さんに感謝したい。同内容の詳細については拙著『地域形成と近世社会』（岩田書院、二〇〇六年）を参照してほしい。

「第六講　農村における質屋渡世」は、近世後期、農民生活に必要不可欠となった質屋について、単に高利貸しとしての性格に着目するだけでなく、着物などの保管の場としても利用されていたことを紹介した。『福生市史』では、多仁照広氏や牛米努氏にお世話になったが、地元史料の紹介では宮田満氏や峰岸虎雄氏にもお世話になった。

「第七講　米相場の高騰と竹内家」は、広島に勤務する前、県立文書館で史料を閲覧したことから、誘われて執筆したものである。広島県立文書館は、私が卒業論文を執筆したときからお世話になっているが、勤務先を広島にしてからの方が疎遠になってしまった感じである。身近な方が勉強しなくなってしまうのだろうか、もどかしい思いがする。それはそうと、第一部第四章の広島藩の金融危機に伴う竹内家の様子について記した。また、史料の記載方法で、竹内家の意識の変化も読み取る努力をした。

ちなみに、他の史料で紹介することはしなかったが、古文書を読むと、一文字分を空けて記載しているもの（＝闕字・欠字）、その行には文字を続けて書くことをせず改行して記載するもの（＝平出）、改行するにしても、他の文字より一字分上に記載するもの（＝台頭、例として第二部第二講の史料に出てくる「有徳院」など）などがある。これらによって、相手に対する敬意を示すこともある。

同様に、相手に対する敬意の表現として、「様」「殿」「とのへ」などで、その序列を示すこともある。一般には、「様」の方が「殿」より敬意を表しているとされる。印鑑でも、黒印や朱印、花押などさまざまある。このように史料は書いてある内容だけを読み取るのではなく、その形式などでも理解する必要があるだろう。

「第八講　幕末期の米問屋からの意見書」は、関東近世史研究会の大会で報告したさいに収集した史料である。これも第一部第五章の打ちこわしと合わせて参照していただけると理解が深まるだろう。近世社会は身分制社会で、武士が支配した時代と言われるが、幕末期になると、このように米問屋が意見書を作成するようになっている。こうした意見書が全面的に反映されることは多いとは言えないが、当時の人々のなかにしだいに身分制的な意識から、自分の意見を政治に反映させていこうとする意識が芽生えてきたことがわかるだろう。

本書は、勤務先である広島修道大学のテキストシリーズの一つである。日本史の講義で前期または後期の一セメスター（一五時間）で扱うために作成したものである。もちろん、一般の人が読んでも、理解できるものとなっている。できれば、こういった一つのトピックから歴史像を展望することを通じて（もちろん、実際には多面的に検討する必要はあるが）、物の見方や考え方を自分なりに養うきっかけとしていただければ幸甚である。

最後に、本書刊行を快く引き受けていただいた、すいれん舎高橋雅人社長、わがままを聞いていただいた、歴史の森関昌弘両氏には心より感謝申し上げたい。

平成十八年六月

著　者

落合 功（おちあい・こう）

1966年　神奈川県川崎市生まれ
1995年　中央大学大学院博士後期課程文学研究科国史学専攻修了
同年　日本学術振興会特別研究員
1998年　広島修道大学商学部専任講師
現在　広島修道大学商学部教授、総合研究所所長、博士（史学）

主な業績
著書：『江戸内湾塩業史の研究』（1999年、吉川弘文館）
『戦後、中手造船業の展開過程』（2002年、広島修道大学学術叢書）
『地域形成と近世社会－兵農分離制下の村と町－』（2006年、岩田書院）
編著：『ひろしま人物伝』（2002年、渓水社）
共著：『近世国家の成立・展開と近代』（1998年、雄山閣）
『徳川幕府と巨大都市江戸』（2003年、東京堂出版）
『地域社会の展開と幕藩制社会』（2005年、名著出版）
『産業化と商家経営』（2006年、名古屋大学出版会）他

広島修道大学テキストシリーズ
入門 事例で見る江戸時代

2006年9月11日第1刷発行

著　者　落合 功
発行者　高橋雅人
発行所　株式会社 すいれん舎
〒101-0052
東京都千代田区神田小川町3-10 西村ビル5F
電話03-5259-6060 FAX03-5259-6070
e-mail：masato@suirensha.jp
印刷・製本　日経印刷株式会社
装　丁　篠塚明夫

ISBN4-902871-55-6　Printed in Japan